LES COMPAGNONS
DE JEHU

PAR

ALEXANDRE DUMAS

1

PARIS
ALEXANDRE CADOT ÉDITEUR
37, rue Serpente.

1857

LES COMPAGNONS DE JEHU

Ouvrages de Paul Duplessis.

Le Batteur d'Estrade............	3 vol.
La Fille de la Vierge............	5 vol.
Les grands jours d'Auvergne......	9 vol.
La Sonora.....................	4 vol.
Un monde inconnu..............	2 vol.
Les Etapes d'un Volontaire.......	12 vol.
Le Capitaine Bravaduria..........	2 vol.

Ouvrages de Xavier de Montépin.

Souvenirs intimes d'un Garde-du-Corps	5 vol.
Mademoiselle La Ruine...........	6 vol.
Deux Bretons...................	6 vol.
La Syrène.....................	2 vol.
L'Idiot........................	5 vol.
Perle (la) du Palais-Royal........	3 vol.
Confessions d'un Bohême (1re partie)...	5 vol.
Vicomte (le) Raphaël (2e partie)....	5 vol.
Les Oiseaux de nuit (3e partie, fin)...	5 vol.
Les Chevaliers du lansquenet......	10 vol.
Pivoine.......................	2 vol.
Mignonne (suite de *Pivoine*)......	3 vol.
Brelan de Dames...............	4 vol.
Le Loup Noir..................	2 vol.
Les Viveurs d'autrefois..........	4 vol.
Les Valets de Cœur............	3 vol.
Un Gentilhomme de grand chemin	5 vol.
Sœur Suzanne..................	4 vol.
Les Viveurs de Paris............	13 vol.
Première partie Le Roi de la mode....	3 vol.
Deuxième partie Club des Hirondelles..	4 vol.
Troisième partie Les Fils de famille....	3 vol.
Quatrième partie Le Fil d'Ariane....	3 vol.
Geneviève Galliot...............	2 vol.

Ouvrages de Paul de Kock.

La demoiselle du cinquième.......	6 vol.
Madame de Monflanquin..........	5 vol.
La Bouquetière du Château-d'Eau..	6 vol.
Un Monsieur très tourmenté......	2 vol.
Les Etuvistes...................	8 vol.

Fontainebleau, imprimerie de E. Jacquin.

LES COMPAGNONS
DE JEHU

PAR

ALEXANDRE DUMAS

1

PARIS
ALEXANDRE CADOT ÉDITEUR
37, rue Serpente.

1858

AVANT-PROPOS

LA VILLE D'AVIGNON.

Je ne sais si l'avant-propos que nous allons mettre sous les yeux du lecteur est bien utile, et cependant nous ne pouvons résister au désir d'en faire, non pas le premier chapitre, mais la préface de ce livre.

Plus nous avançons dans la vie, plus nous avançons dans l'art, plus nous demeurons convaincu que rien n'est abrupt et isolé, que la nature et la société marchent par déduction et non par accident, et que l'événement, fleur joyeuse ou triste, parfumée ou fétide, souriante ou fatale, qui s'ouvre aujourd'hui sous nos yeux, avait son bouton dans le passé et ses racines parfois dans les jours antérieurs à nos jours, comme elle aura son fruit dans l'avenir.

Jeune, l'homme prend le temps comme il vient, amoureux de la veille, insoucieux du jour, s'inquiétant peu du lendemain.

La jeunesse, c'est le printemps avec ses fraîches aurores et ses beaux soirs; si parfois un orage passe au ciel, il éclate, gronde et s'évanouit, laissant le ciel plus azuré, l'atmosphère plus pure, la nature plus souriante qu'auparavant.

A quoi bon réfléchir aux causes de cet orage qui passe rapide comme un caprice, éphémère comme une fantaisie? Avant que nous ayons le mot de l'énigme météorologique, l'orage aura disparu.

Mais il n'en est point ainsi de ces phénomènes terribles qui, vers la fin de l'été, menacent nos moissons; qui, au milieu de l'automne, assiégent nos vendanges, on se demande où ils vont, on s'inquiète d'où ils viennent, on cherche le moyen de les prévenir.

Or, pour le penseur, pour l'historien, pour le poète, il y a bien un autre sujet de rêverie dans les révolutions, ces tempêtes de l'atmosphère sociale qui couvrent la terre de sang et brisent toute une génération d'hommes, que dans les orages du ciel qui noient une moisson ou grêlent une vendange, c'est-à-dire l'espoir d'une année seulement, et qui font un tort que peut, à tout prendre largement, réparer l'année suivante, à moins que le Seigneur ne soit dans ses jours de colère.

Ainsi autrefois, soit oubli, soit insouciance, ignorance peut-être, — heureux qui ignore! malheureux qui sait! — autrefois j'eusse eu à raconter l'histoire que je vais vous dire aujourd'hui, que sans m'arrêter au lieu où se passe la première scène de mon livre, j'eusse insoucieusement écrit cette scène, j'eusse traversé le Midi comme une autre province, j'eusse nommé Avignon comme une autre ville.

Mais aujourd'hui il n'en est pas de même; j'en suis, non plus aux bourrasques du printemps, mais aux orages de l'été, mais aux tempêtes de l'automne. Aujourd'hui, quand je nomme Avignon, j'évoque un spectre, et, de même qu'Antoine, déployant le linceul de César, disait : « Voici le trou qu'a fait le poignard de Casca, voici celui qu'a fait le glaive de Cassius, voici celui qu'a fait l'épée de Brutus ; » je dis, moi, en voyant le suaire sanglant de la ville papale : « Voilà le sang des Albigeois ; voilà le sang des Cévenois ; voilà le sang des républicains ; voilà le sang des royalistes ; voilà le sang de Lescuyer ; voilà le sang du maréchal Brune. »

Et je me sens alors pris d'une profonde tristesse et je me mets à écrire ; mais, dès les premières lignes, je m'aperçois que, sans que je m'en doutasse, le burin de l'historien a pris, entre mes doigts, la place de la plume du romancier.

Eh bien, soyons l'un et l'autre; lecteur, accordez les dix, les quinze, les vingt premières pages à l'historien, le romancier aura le reste.

Disons donc quelques mots d'Avignon, lieu où va s'ouvrir la première scène du nouveau livre que nous livrons au public.

Peut-être, avant de lire ce que nous en dirons, est-il bon de jeter les yeux sur ce qu'en dit son historien national, François Nouguier.

« Avignon, dit-il, ville noble pour son antiquité, agréable pour son assiette, superbe pour ses murailles, riante pour la fertilité du solage, charmante pour la douceur de ses habitants, magnifique pour son palais, belle pour ses grandes rues, merveilleuse pour la structure de son pont, riche pour son commerce et connue par toute la terre. »

Que l'ombre de François Nouguier nous pardonne, si nous ne voyons pas tout à fait sa ville natale avec les mêmes yeux que lui.

Ceux qui connaissent Avignon diront qui l'a mieux vue de l'historien ou du romancier.

Il est juste d'établir avant tout qu'Avignon est une ville à part, c'est-à-dire la ville des passions extrêmes ; l'époque des dissensions religieuses qui ont amené pour elle les haines politiques remonte au douzième siècle ; les vallées du mont Ventoux abritèrent, après sa fuite de Lyon, Pierre de Valdo et ses Vaudois, les ancêtres de ces protestants qui, sous le nom d'Albigeois, coûtèrent aux comtes de Toulouse, et qui valurent à la papauté les sept châteaux que Raymond VI possédait dans le Languedoc.

Puissante république gouvernée par des podestats, Avignon refusa de se soumettre au roi de France. Un matin, Louis VIII, qui trouvait plus simple de se croiser contre Avignon, comme avait fait Simon de Montfort, que pour Jérusalem, comme avait fait Philippe-Auguste; un matin, disons-nous, Louis VIII se présenta aux portes d'Avignon, demandant à y entrer, la lance en arrêt, le casque en tête, les bannières déployées, et les trompettes de guerre sonnant.

Les bourgeois refusèrent; ils offrirent au roi de France, comme dernière concession, l'entrée pacifique, tête nue, lance haute, et bannière royale seule déployée. Le roi commença le blocus; ce blocus dura trois mois, pendant lesquels, dit le chroniqueur, les bourgeois d'Avignon rendirent aux soldats français flèches pour flèches, blessures pour blessures, mort pour mort.

La ville capitula enfin. Louis VIII conduisait dans son armée le cardinal-légat Romain de Saint-Ange; ce fut lui qui dicta les conditions, véritables conditions de prêtre, dures et absolues.

Les Avignonnais furent condamnés à démolir leurs remparts, à combler leurs fossés, à abattre trois cents tours, à livrer leurs navires, à brûler leurs engins et leurs machines de guerre. Ils durent, en outre, payer une contribution énorme, abjurer l'hérésie vaudoise, entretenir en Palestine trente hommes d'armes parfaitement armés et équipés pour y concourir à la délivrance du tombeau du Christ. Enfin, pour veiller à l'accomplissement de ces conditions, dont la bulle existe encore dans les archives de la ville, il fut fondé une confrérie de pénitents qui, traversant plus de six siècles, s'est perpétuée jusqu'à nos jours.

En opposition avec ces pénitents qu'on appelle les pénitents Blancs, se fonda l'ordre des pénitents Noirs, tout imprégnés de l'esprit d'opposition de Raymond de Toulouse.

A partir de ce jour, les haines religieuses devinrent des haines politiques.

Ce n'était point assez pour Avignon d'être la terre de l'hérésie, il fallait qu'elle devînt le théâtre du schisme.

Qu'on nous permette, à propos de la Rome française, une courte digression historique; à la rigueur, elle ne serait point nécessaire au sujet que nous traitons, et peut-être ferions-nous mieux d'entrer de plein bond dans le drame, mais nous espérons qu'on nous la pardonnera. Nous écrivons surtout pour ceux qui, dans un roman, aiment à rencontrer parfois autre chose que du roman.

En 1285, Philippe-le-Bel monta sur le trône.

C'est une grande date historique que cette date de 1285. La papauté qui, dans la personne de Grégoire VII, a tenu tête à l'empereur d'Allemagne; la papauté qui, vaincue matériellement par Henri IV, l'a vaincu moralement; la papauté est souffletée par un simple gentilhomme sabin, et le gantelet de fer de Colonna rougit la face de Boniface VIII.

Mais le roi de France, par la main duquel le soufflet avait été réellement donné, qu'allait-il advenir de lui sous le successeur de Boniface VIII?

Ce successeur, c'était Benoît XI, homme de bas lieu, mais qui eût été un homme de génie peut-être, si on lui en eût donné le temps.

Trop faible pour heurter en face Philippe-le-Bel, il trouva un moyen que lui eût envié, deux cents ans plus tard, le fondateur d'un ordre célèbre. Il pardonna hautement, publiquement à Colonna.

Pardonner à Colonna, c'était déclarer Colonna coupable; les coupables seuls ont besoin de pardon.

Si Colonna était coupable, le roi de France était au moins son complice.

Il y avait quelque danger à soutenir un pareil argument; aussi Benoît XI ne fut-il pape que huit mois.

Un jour, une femme voilée, qui se donnait pour converse de Sainte-Pétronille à Pérouse, vint, comme il était à table, lui présenter une corbeille de figues.

Un aspic y était-il caché, comme dans celle de Cléopâtre? Le fait est que le lendemain le Saint-Siége était vacant.

Alors Philippe-le-Bel eut une idée étrange, si grande, qu'elle dut lui paraître d'abord une hallucination.

C'était de tirer la papauté de Rome, de

l'amener en France, de la mettre en geôle et de lui faire battre monnaie à son profit.

Le règne de Philippe-le-Bel est l'avènement de l'or. L'or, c'était le seul et unique dieu de ce roi qui avait souffleté un pape. Saint Louis avait eu pour ministre un prêtre, le digne abbé Suger ; Philippe-le-Bel eut pour ministre deux banquiers, les deux Florentins Biscio et Musciato.

Vous attendez-vous, cher lecteur, à ce que nous allons tomber dans ce lieu commun philosophique qui consiste à anathématiser l'or ? Vous vous tromperiez.

Au treizième siècle, l'or est un progrès.

Jusque-là, on ne connaissait que la terre.

L'or, c'était la terre monnayée, la terre mobile, échangeable, transportable, divisible, subtilisée, spiritualisée, pour ainsi dire.

Tant que la terre n'avait pas eu sa représentation dans l'or, l'homme, comme le dieu Terme, cette borne des champs, avait eu les pieds pris dans la terre. Autrefois la terre emportait l'homme ; aujourd'hui, c'est l'homme qui emporte la terre.

Mais l'or, il fallait le tirer d'où il était ; et où il était, il était bien autrement enfoui que dans les mines de Chiloé ou de Mexico.

L'or était chez les juifs et dans les églises.

Pour le tirer de cette double mine, il fallait plus qu'un roi, il fallait un pape.

C'est pourquoi Philippe-le-Bel, le grand tireur d'or, résolut d'avoir un pape à lui.

Benoît XI mort, il y avait conclave à Pérouse; les cardinaux français étaient en majorité au conclave.

Philippe-le-Bel jeta les yeux sur l'arche-véque de Bordeaux, Bertrand de Got. Il lui donna rendez-vous dans une forêt près de Saint-Jean d'Angély.

Bertrand de Got n'avait garde de manquer au rendez-vous.

Ils y entendirent la messe, et au moment de l'élévation, sur ce Dieu que l'on glorifiait, ils se jurèrent un secret absolu.

Bertrand de Got ignorait encore ce dont il était question.

La messe entendue :

— Archevêque, lui dit Philippe-le-Bel, il est en mon pouvoir de te faire pape.

Bertrand de Got n'en écouta point davantage, et se jeta aux pieds du roi.

— Que faut-il faire pour cela? demanda-t-il.

— Me faire six grâces que je te demanderai, répondit Philippe-le-Bel.

— C'est à toi de commander et à moi d'obéir, dit le futur pape.

Le serment de servage était fait.

Le roi le releva, le baisa sur la bouche et lui dit :

— Les six grâces que je te demande sont les suivantes

La première, que tu me réconcilies parfaitement avec l'Église, et que tu me fasses pardonner le méfait que j'ai commis à l'égard de Boniface VIII.

La seconde, que tu me rendes, à moi et aux miens, la communion que la cour de Rome m'a enlevée.

La troisième, que tu m'accordes les décimes du clergé, dans mon royaume, pour cinq ans, afin d'aider aux dépenses faites en la guerre de Flandre.

La quatrième, que tu détruises et annulles la mémoire du pape Boniface VIII.

La cinquième, que tu rendes la dignité

de cardinal à messires Jacobo et Pietro de Colonna.

Pour la sixième grâce et promesse, je me réserve de t'en parler en temps et lieu.

Bertrand de Got jura pour les promesses et grâces connues et pour la promesse et grâce inconnue.

Cette dernière, que le roi n'avait osé dire à la suite des autres, c'était la destruction des Templiers.

Outre la promesse et le serment faits sur le *corpus Domini*, Bertrand de Got donna pour ôtages son frère et deux de ses neveux.

Le roi jura de son côté qu'il le ferait élire pape.

Cette scène se passant dans le carrefour d'une forêt, au milieu des ténèbres, ressemblait bien plus à une évocation entre un magicien et le démon, qu'à un engagement pris entre un roi et un pape.

Aussi, le couronnement du roi, qui eut lieu quelque temps après à Lyon, et qui commençait la captivité de l'Église, parut-il peu agréable à Dieu.

Au moment où le cortége royal passait, un mur chargé de spectateurs s'écroula, blessa le roi et tua le duc de Bretagne.

Le pape fut renversé, la tiare roula dans la boue.

Bertrand de Got fut élu pape sous le nom de Clément V.

Clément V paya tout ce qu'avait promis Bertrand de Got.

Philippe fut innocenté : la communion fut rendue à lui et aux siens, la pourpre remonta aux épaules des Colonna, l'Église fut obligée de payer les guerres de Flandre et la croisade de Philippe de Valois contre l'empire grec. La mémoire du pape Boniface VIII fut sinon détruite et annulée, du moins flétrie; les murailles du Temple furent rasées et les Templiers brûlés sur le terre-plain du Pont-Neuf.

Tous ces édits, cela ne s'appelait plus des bulles, du moment où c'était le pouvoir temporel qui dictait, tous ces édits étaient datés d'Avignon.

Philippe-le-Bel fut le plus riche des rois de la monarchie française ; il avait un trésor inépuisable : c'était son pape. Il l'avait acheté, il s'en servait, il le mettait au pressoir, et comme d'un pressoir coulent le cidre et le vin, de ce pape écrasé coulait l'or.

Le pontifical, souffleté par Colonna dans

la personne de Boniface VIII, abdiquait l'empire du monde dans celle de Clément V.

Nous avons dit comment le roi du sang et le pape de l'or étaient venus.

On sait comment ils s'en allèrent.

Jacques de Molay, du haut de son bûcher, les avait ajournés tous deux à un an, pour comparaître devant Dieu. *It ho géron sibyllia,* dit Aristophane : *les moribonds chenus ont l'esprit de la sibylle.*

Clément V partit le premier, il avait vu en songe son palais incendié.

« A partir de ce moment, dit Baluze, il devint triste et ne dura guère. »

Sept mois après, ce fut le tour de Philippe ; les uns le font mourir à la chasse, renversé par un sanglier. Dante est du nombre de ceux-là. « Celui, dit-il, qui a été vu près de la Seine, falsifiant les monnaies, mourra d'un coup de dent de sanglier. »

Mais Guillaume de Nangis fait au roi faux-monnayeur une mort bien autrement providentielle.

« Miné par une maladie inconnue aux médecins, Philippe s'éteignit, dit-il, au grand étonnement de tout le monde, sans que son pouls ni son urine révélassent ni la cause de la maladie ni l'imminence du péril. »

Le roi désordre, le roi vacarme, Louis X, dit *le Hutin,* succède à son père Philippe-le-Bel, Jean XXII à Clément V.

Avignon devint alors bien véritablement une seconde Rome. Jean XXII et Clément VI la sacrèrent reine du luxe. Les mœurs du temps en firent la reine de la débauche et de la mollesse. A la place de ses tours, abattues par Romain de Saint-Ange, Hermandez de Herédi, grand-maître de Saint-Jean-de-Jérusalem, lui noua autour de la taille une ceinture de murailles. Elle eut des moines dissolus, qui transformèrent l'enceinte bénie des couvents en lieux de débauche et de luxure; elle eut de belles courtisanes qui arrachèrent les diamants de la tiare pour s'en faire des bracelets et des colliers ; enfin elle eut les échos de Vaucluse, qui lui renvoyèrent les molles et mélodieuses chansons de Pétrarque.

Cela dura jusqu'à ce que le roi Charles V, qui était un prince sage et religieux, ayant résolu de faire cesser ce scandale, envoya le maréchal de Boucicaut pour chasser d'Avignon l'antipape Benoît XIII; mais à la vue des soldats du roi de France, celui-ci se souvint qu'avant d'être pape sous le nom de Benoît XIII, il avait été capitaine sous le nom de Pierre de Luna. Pendant cinq mois il se défendit, pointant lui-même, du haut des murailles du château, ses machines de guerre, bien autrement meurtrières que ses foudres pontificales. Enfin, forcé de fuir, il sortit de la ville par une poterne, après avoir ruiné cent maisons et tué quatre mille Avignonnais, et se réfugia en Espagne, où le roi d'Aragon lui offrit un asile. Là, tous les matins, du haut d'une tour, assisté de deux prêtres, dont il avait fait son sacré-collége, il bénissait le monde, qui n'en allait pas mieux, et excommuniait ses ennemis, qui ne s'en portaient pas plus mal. Enfin, se sentant près de mourir, et craignant que le schisme ne mourût avec lui, il nomma ses deux vicaires cardinaux, à la condition que, lui trépassé, l'un des deux élirait l'autre pape. L'élection se fit. Le nouveau pape poursuivit un instant le schisme, soutenu par le cardinal qui l'avait proclamé. Enfin, tous deux entrèrent en négociation avec Rome, firent amende honorable et rentrèrent dans le giron de la sainte Eglise, l'un avec le titre d'archevêque de Séville, l'autre avec celui d'archevêque de Tolède.

A partir de ce moment jusqu'en 1790,

Avignon, veuve de ses papes, avait été gouvernée par des légats et des vice-légats; elle avait eu sept souverains-pontifes qui avaient résidé dans ses murs pendant sept dizaines d'années; elle avait sept hôpitaux, sept confréries de pénitents, sept couvents d'hommes, sept couvents de femmes, sept paroisses et sept cimetières.

On comprend que ces deux confréries de pénitents, représentant, l'une l'hérésie, l'autre l'orthodoxie; l'une le parti français, l'autre le parti romain; l'une le parti monarchiste absolu, l'autre le parti constitutionnel progressif, n'étaient pas des éléments de paix et de sécurité pour l'ancienne ville pontificale; on comprend, disons-nous, qu'au moment où éclata la révolution à Paris et où cette révolution se manifesta par la prise de la Bastille, les deux partis, encore tout chauds des guerres de religion de Louis XIV, ne restèrent pas inertes en face l'un de l'autre.

Pour ceux qui connaissent Avignon, il y avait à cette époque, il y a encore deux villes dans la ville : la ville des prêtres, c'est-à-dire la ville romaine; la ville des commerçants, c'est-à-dire la ville française.

La ville des prêtres, avec son palais des

papes, ses cent églises, ses cloches innombrables, toujours prêtes à sonner le tocsin de l'incendie, le glas du meurtre.

La ville des commerçants, avec son Rhône, ses ouvriers en soierie et son transit croisé, qui va du nord au sud, de l'ouest à l'est, de Lyon à Marseille, de Nîmes à Turin.

La ville française était la ville damnée, envieuse d'avoir un roi, jalouse d'obtenir des libertés et qui frémissait de se sentir terre esclave, terre des prêtres, ayant le clergé pour seigneur.

Le clergé, non pas le clergé tel qu'il y en

a eu de tout temps, dans l'Église romaine, et tel que nous le connaissons aujourd'hui, pieux, tolérant, austère au devoir et à la charité, vivant dans le monde pour le consoler et l'édifier, sans se mêler à ses joies ni à ses passions; mais le clergé tel que l'avaient fait l'intrigue, l'ambition et la cupidité, c'est-à-dire ces abbés de cour, rivaux des abbés romains, oisifs, libertins, élégants, hardis, rois de la mode, autocrates des salons, baisant la main des dames dont ils s'honoraient d'être les sigisbés, donnant leurs mains à baiser aux femmes du peuple, à qui ils faisaient l'honneur de les prendre pour maîtresses.

Voulez-vous un type de ces abbés-là?

prenez l'abbé Maury. Orgueilleux comme un duc, insolent comme un laquais, fils de cordonnier, plus aristocrate qu'un fils de grand seigneur.

Nous avons dit Avignon, ville de prêtres, ajoutons ville de haines. Nulle part mieux que dans les couvents on apprend à haïr. Le cœur de l'enfant, partout ailleurs pur de mauvaises passions, naissait là plein de haines paternelles, léguées de père en fils, depuis huit cents ans, et, après une vie haineuse, léguait à son tour l'héritage diabolique à ses enfants.

Aussi, au premier cri de liberté que

poussa la France, la ville française se leva-t-elle pleine de joie et d'espérance ; le moment était enfin venu pour elle de contester tout haut la concession faite par une jeune reine mineure, pour racheter ses péchés, d'une ville, d'une province et avec elles d'un demi-million d'âmes. De quel droit ces âmes avaient-elles été vendues *in æternum* au plus dur et au plus exigeant de tous les maîtres, au pontife romain?

La France allait se réunir au Champ-de-Mars dans l'embrassement fraternel de la Fédération. N'était-elle pas la France? On nomma des députés, ces députés se rendirent chez le légat et le prièrent respectueusement de partir.

On lui donnait vingt-quatre heures pour quitter la ville.

Pendant la nuit, les papistes s'amusèrent à pendre à une potence un mannequin portant la cocarde tricolore.

On dirige le Rhône, on canalise la Durance, on met des digues aux âpres torrents, qui, au moment de la fonte des neiges, se précipitent en avalanches liquides des sommets du mont Ventoux. Mais ce flot terrible, ce flot vivant, ce torrent humain qui bondit sur la pente rapide des rues d'Avignon, une fois lâché, une fois bondissant, Dieu lui-même n'a point encore essayé de l'arrêter.

A la vue du mannequin aux couleurs nationales, se balançant au bout d'une corde, la ville française se souleva de ses fondements en poussant des cris de rage. Quatre papistes soupçonnés de ce sacrilége, deux marquis, un bourgeois, un ouvrier, furent arrachés de leur maison et pendus à la place du mannequin.

C'était le 11 juin 1790.

La ville française tout entière écrivit à l'Assemblée nationale qu'elle se donnait à la France; et avec elle son Rhône, son commerce, le midi, la moitié de la Provence.

L'Assemblée nationale était dans un de ses jours de réaction, elle ne voulait pas se brouiller avec le pape, elle ménageait le roi ; elle ajourna l'affaire. Dès-lors le mouvement d'Avignon était une révolte, et le pape pouvait faire d'Avignon ce que la cour eût fait de Paris, après la prise de la Bastille, si l'Assemblée eût ajourné la proclamation des droits de l'homme.

Le pape ordonna d'annuler tout ce qui s'était fait dans le comtat Venaissin, de rétablir les priviléges des nobles et du clergé, et de relever l'inquisition dans toute sa rigueur.

Les décrets pontificaux furent affichés.

Un homme, un seul, en plein jour, à la face de tous, osa aller droit à la muraille où était affiché le décret et l'en arracher.

Il se nommait Lescuyer.

Ce n'était point un jeune homme ; il n'était donc point emporté par la fougue de l'âge. Non, c'était presqu'un vieillard qui n'était même pas du pays ; il était Français, Picard, ardent et réfléchi à la fois ; ancien notaire, établi depuis longtemps à Avignon.

Ce fut un crime dont l'Avignon romaine se souvint.

Un crime si grand que la Vierge en pleura.

Vous le voyez, Avignon, c'est déjà l'Italie. Il lui faut à tout prix des miracles; et si Dieu n'en fait pas, il se trouve à coup sûr quelqu'un pour en inventer. Encore faut-il que le miracle soit un miracle de la Vierge. La Vierge est tout pour l'Italie, cette terre poétique. *La Madone!* Tout l'esprit, tout le cœur, toute la langue des Italiens est pleine de ces deux mots.

Ce fut dans l'église des Cordeliers que ce miracle se fit.

La foule y accourut.

C'était beaucoup que la Vierge pleurât, mais un bruit se répandit en même temps qui mit le comble à l'émotion, un grand coffre bien fermé avait été transporté par la ville : ce coffre avait excité la curiosité des Avignonnais. Que pouvait-il contenir ?

Deux heures après, ce n'était plus un coffre dont il était question, c'étaient dix-huit malles que l'on avait vues se rendant au Rhône.

Quant aux objets qu'elles contenaient, un portefaix l'avait révélé : c'étaient les effets du mont-de-piété que le parti français emportait avec lui en s'exilant d'Avignon.

Les effets du mont-de-piété, c'est-à-dire la dépouille des pauvres.

Plus une ville est misérable, plus le mont-de-piété est riche. Peu de monts-de-piété pouvaient se vanter d'être aussi riches que celui d'Avignon.

Ce n'était plus une affaire d'opinion, c'était un vol et un vol infâme. Blancs et rouges coururent à l'église des Cordeliers, criant qu'il fallait que la municipalité leur rendît compte.

Lescuyer était le secrétaire de la municipalité.

Son nom fut jeté à la foule, non pas comme ayant arraché les deux décrets pontificaux — dès-lors il y eût eu des défenseurs — mais comme ayant signé l'ordre au gardien du mont-de-piété de laisser enlever les effets.

On envoya quatre hommes pour prendre Lescuyer et l'amener à l'église. On le trouva dans la rue, se rendant à la municipalité; les quatre hommes se ruèrent sur lui et le traînèrent avec des cris féroces dans l'église.

Arrivé là, au lieu d'être dans la maison du Seigneur, Lescuyer comprit, aux yeux flamboyants qui se fixaient sur lui, aux poings étendus qui le menaçaient, aux cris qui demandaient sa mort, Lescuyer comprit qu'il était dans un de ces cercles de l'enfer, oubliés par Dante.

La seule idée qui lui vint fut que cette haine soulevée contre lui avait pour cause la mutilation des affiches pontificales; il monta à la chaire, comptant s'en faire une tribune, et de la voix d'un homme qui, non-seulement ne se reproche rien, mais qui encore est prêt à recommencer :

— Mes frères, dit-il, j'ai cru la révolution nécessaire ; j'ai, en conséquence, agi de tout mon pouvoir...

Les fanatiques comprirent que si Lescuyer s'expliquait, Lescuyer était sauvé.

Ce n'était point cela qu'il leur fallait. Ils se jetèrent sur lui, l'arrachèrent de la tribune, le poussèrent au milieu de la meute aboyante, qui l'entraîna vers l'autel en poussant cette espèce de cri terrible qui tient du sifflement du serpent et du rugissement du tigre, ce meurtrier *zou! zou!* particulier à la populace avignonnaise.

Lescuyer connaissait ce cri fatal : il essaya de se réfugier au pied de l'autel.

Il ne s'y réfugia point, il y tomba.

Un ouvrier matelassier, armé d'un bâton, venait de lui en asséner un si rude coup sur la tête, que le bâton s'était brisé en deux morceaux.

Alors, on se précipita sur ce pauvre corps, et, avec ce mélange de férocité et de gaîté particulier aux peuples du Midi, les hommes, en chantant, se mirent à lui danser sur le ventre, tandis que les femmes, afin qu'il expiât les blasphèmes qu'il avait prononcés contre le pape, lui découpaient, disons mieux, lui festonnaient les lèvres avec leurs ciseaux.

Et de tout ce groupe effroyable sortait un cri ou plutôt un râle; ce râle disait :

« Au nom du ciel! au nom de la Vierge! au nom de l'humanité! tuez-moi tout de suite. »

Ce râle fut entendu : d'un commun accord, les assassins s'éloignèrent. On laissa le malheureux, sanglant, défiguré, broyé, savourer son agonie.

Elle dura cinq heures, pendant lesquelles, au milieu des éclats de rire, des insultes et des railleries de la foule, ce pauvre corps palpita sur les marches de l'autel.

Voilà comme on tue à Avignon.

Attendez, il y a une autre façon encore.

Un homme du parti français eut l'idée d'aller au mont-de-piété et de s'informer.

Tout y était en bon état, il n'en était pas sorti un couvert d'argent.

Ce n'était donc pas comme complice d'un vol que Lescuyer venait d'être si cruellement assassiné ; c'était comme patriote.

Il y avait en ce moment à Avignon un homme qui disposait de la populace.

Tous ces terribles meneurs du Midi ont

conquis une si fatale célébrité, qu'il suffit de les nommer pour que chacun, même les moins lettrés, les connaisse.

Cet homme, c'était Jourdan.

Vantard et menteur, il avait fait croire aux gens du bas peuple que c'était lui qui avait coupé le cou au gouverneur de la Bastille.

Aussi l'appelait-on Jourdan Coupe-Tête.

Ce n'était pas son nom; il s'appelait Matthieu Jouve. Il n'était pas Provençal, il était du Puy en Vélay. Il avait d'abord été muletier sur ces âpres hauteurs qui entourent sa ville natale, puis soldat sans guerre — la guerre l'eût peut-être rendu plus humain; — puis cabaretier à Paris.

A Avignon, il était marchand de garance.

Il réunit trois cents hommes, s'empara des portes de la ville, y laissa la moitié de sa troupe, et, avec le reste, marcha sur l'église des Cordeliers, précédé de deux pièces de canon.

Il les mit en batterie devant l'église et tira tout au hasard.

Les assassins se dispersèrent comme

une volée d'oiseaux effarouchés, laissant quelques morts sur les degrés de l'église.

Jourdan et ses hommes enjambèrent par-dessus les cadavres et entrèrent dans le lieu saint.

Il n'y restait plus que la Vierge, et le malheureux Lescuyer respirant encore.

Jourdan et ses camarades se gardèrent bien d'achever Lescuyer; son agonie était un suprême moyen d'excitation. Ils prirent ce reste de vivant, ces trois quarts de cadavre, et l'emportèrent saignant, pantelant, râlant.

Chacun fuyait à cette vue, fermant portes et fenêtres.

Au bout d'une heure, Jourdan et ses trois cents hommes étaient maîtres de la ville.

Lescuyer était mort, mais peu importait : on n'avait plus besoin de son agonie.

Jourdan profita de la terreur qu'il inspirait, et arrêta ou fit arrêter quatre-vingts personnes à peu près, assassins ou prétendus assassins de Lescuyer.

Trente peut-être n'avaient pas mis le

pied dans l'église: mais quand on trouve une bonne occasion de se défaire de ses ennemis, il faut en profiter, les bonnes occasions sont rares.

Ces quatre-vingts personnes furent entassées dans la tour Trouillas.

On l'a appelée historiquement la tour de la Glacière.

Pourquoi donc changer ce nom de la *tour Trouillas?* Le nom est immonde et va bien à l'immonde action qui devait s'y passer.

C'était le théâtre de la torture inquisitionnelle.

Aujourd'hui encore on y voit le long des murailles la grasse suie qui montait avec la fumée du bûcher où se consumaient les chairs humaines ; aujourd'hui encore on vous montre le mobilier de la torture précieusement conservé : la chaudière, le four, les chevalets, les chaînes, les oubliettes et jusqu'à de vieux ossements, rien n'y manque.

Ce fut dans cette tour, bâtie par Clément V, que l'on enferma les quatre-vingts prisonniers.

Ces quatre-vingts prisonniers faits et enfermés dans la tour Trouillas, on en fut bien embarrassé.

Par qui les faire juger?

Il n'y avait de tribunaux légalement constitués que les tribunaux du pape.

Faire tuer ces malheureux, comme ils avaient tué Lescuyer?

Nous avons dit qu'il y en avait un tiers, une moitié peut-être, qui non-seulement n'avaient point pris part à l'assassinat, mais qui même n'avaient pas mis le pied dans l'église.

Les faire tuer? la tuerie passerait sur le compte des représailles.

Mais, pour tuer ces quatre-vingts personnes, il fallait un certain nombre de bourreaux.

Une espèce de tribunal, improvisé par Jourdan, siégeait dans une des salles du palais : il avait un greffier nommé Raphel, un président moitié Italien, moitié Français, orateur en patois populaire, nommé Barbe, Savournin de La Roua ; puis trois ou quatre pauvres diables, un boulanger, un charcutier, les noms se perdent dans l'infimité des conditions.

C'étaient ces gens-là qui criaient :

— Il faut les tuer tous ; s'il s'en sauvait un seul, il servirait de témoin.

Mais, nous l'avons dit, les tueurs manquaient.

A peine avait-on sous la main une vingtaine d'hommes dans la cour, tous appartenant au petit peuple d'Avignon : un perruquier, un cordonnier pour femmes, un savetier, un maçon, un menuisier ; tout cela armé à peine, au hasard, l'un d'un sabre, l'autre d'une baïonnette, celui-ci d'une barre de fer, celui-là d'un morceau de bois durci au feu.

Tous ces gens-là refroidis par une fine pluie d'octobre.

Il était difficile de faire de ces gens-là des assassins.

Bon! rien est-il difficile au diable?

Il y a, dans ces sortes d'évènements, une heure où il semble que Dieu abandonne la partie.

Alors, c'est le tour du démon.

Le démon entra en personne dans cette cour froide et boueuse. Il avait revêtu l'apparence, la forme, la figure d'un apothicaire du pays, nommé Mendes; il dressa une table éclairée par deux lanternes; sur cette table, il déposa des verres, des brocs, des cruches, des bouteilles.

Quel était l'infernal breuvage renfermé dans ces mystérieux récipients, aux formes bizarres? on l'ignore, mais l'effet en est bien connu.

Tous ceux qui burent de la liqueur diabolique se sentirent pris soudain d'une rage fiévreuse, d'un besoin de meurtre et de sang.

Dès-lors, on n'eut plus qu'à leur montrer la porte, ils se ruèrent dans le cachot.

Le massacre dura toute la nuit ; toute la nuit des cris, des plaintes, des râles de mort furent entendus dans les ténèbres.

On tua tout, on égorgea tout, hommes et femmes ; ce fut long : les tueurs, nous l'avons dit, étaient ivres et mal armés.

Cependant ils y arrivèrent.

Au milieu des tueurs, un enfant se faisait remarquer par sa cruauté bestiale, par sa soif immodérée de sang.

C'était le fils de Leseuyer.

Il tuait, et puis tuait encore ; il se vanta d'avoir à lui seul, de sa main enfantine, tué dix hommes et quatre femmes.

— Bon, je puis tuer à mon aise, disait-il, je n'ai pas quinze ans, on ne me fera rien.

A mesure qu'on tuait, on jetait morts et blessés, cadavres et vivants, dans la cour Trouillas; ils tombaient de soixante pieds de haut; les hommes y furent jetés d'abord, les femmes ensuite. Il avait fallu aux assassins le temps de violer les cadavres de celles qui étaient jeunes et jolies.

A neuf heures du matin, après douze heures de massacres, une voix criait encore du fond de ce sépulcre :

— Par grâce ! venez m'achever, je ne puis mourir.

Un homme, l'armurier Bouffier, se pencha dans le trou et regarda ; les autres n'osaient.

— Qui crie donc ? demandèrent-ils.

— C'est l'ami, répondit Bouffier.

Puis, quand il fut au milieu des autres ·

— Eh bien! firent-ils, qu'as-tu vu au fond?

— Une drôle de marmelade, dit-il, tout pêle-mêle, des hommes et des femmes, des prêtres et des jolies filles, c'est à crever de rire.

— Décidément, c'est une vilaine chenille que l'homme, disait le comte de Monte-Cristo à M. de Villefort.

Eh bien, c'est dans la ville encore sanglante, encore chaude, encore émue de ces derniers massacres, que nous allons introduire les deux personnages principaux de notre histoire.

FIN DE L'AVANT-PROPOS.

PREMIÈRE PARTIE

I

La table d'hôte

Le 9 octobre de l'année 1799, par une belle journée de cet automne méridional qui fait, aux deux extrémités de la Provence, mûrir les oranges d'Hyères et les raisins de Saint-Peray, une calèche, attelée de trois chevaux de poste, traversait à fond de train le pont jeté sur la Durance, entre Cavaillon et Château-Renard, se dirigeant sur Avignon, l'ancienne ville papale, qu'un décret du 25 mai 1791 avait, huit ans auparavant, réunie à la France, réunion confirmée par le traité signé, en 1797, à Tolentino, entre le général Bonaparte et le pape Pie VI.

La voiture entra par la porte d'Aix, traversa dans toute sa longueur et sans ralentir sa course, la ville aux rues étroites et tortueuses, bâtie tout à la fois contre le vent et contre le soleil, et alla s'arrêter à cinquante pas de la porte d'Oulle, à l'hôtel du *Palais Égalité*, que l'on commençait tout doucement à réappeler l'hôtel du *Pa-*

lais-Royal, nom qu'il avait porté autrefois, et qu'il porte encore aujourd'hui.

Ces quelques mots, presque insignifiants, à propos du titre de l'hôtel devant lequel s'arrêtait la chaise de poste sur laquelle nous avons les yeux fixés, indiquent assez bien l'état où était la France sous ce gouvernement de réaction thermidorienne que l'on appelait le Directoire.

Après la lutte révolutionnaire qui s'était accomplie du 14 juillet 1789 au 9 thermidor 1794; après les journées des 5 et 6 octobre, du 21 juin, du 10 août, des 2 et 3 septembre, du 21 juin, du 31 mai et du 5 avril; après avoir vu tomber la tête du roi et de ses juges, de la reine et de son accusateur, des Girondins et des Cordeliers, des Modérés et des Jacobins, la France avait éprouvé la plus effroyable et la plus nauséabonde de toutes les lassitudes, la lassitude du sang!

Elle en était donc revenue, sinon au besoin de la royauté, du moins au désir d'un gouvernement fort, dans lequel elle pût mettre sa confiance, sur lequel elle pût s'appuyer, qui agît pour elle et qui lui permît de se reposer elle-même pendant qu'il agissait.

A la place de ce gouvernement vaguement désiré, elle avait le faible et irrésolu Directoire, composé pour le moment du voluptueux Barras, de l'intrigant Sieyès, du brave Moulins, de l'insignifiant Roger Ducos et de l'honnête mais un peu trop naïf Gohier.

Il en résultait une dignité médiocre au dehors et une tranquillité fort contestable au dedans.

Il est vrai qu'au moment où nous en sommes arrivés, nos armées, si glorieuses pendant les campagnes épiques de 96 et 97, un instant refoulées vers la France par l'incapacité de Scherer à Vérone et à Cassano, et par la défaite et la mort de Joubert à Novi, commencent à reprendre l'offensive. Moreau a battu Souwarow à Bassignana ; Brune a battu le duc d'York et le général Hermann à Bergen ; Masséna a anéanti les Austro-Russes à Zurich ; Kosakoff s'est sauvé à grand'peine, et l'Autrichien Hotz ainsi que trois autres généraux ont été tués, et cinq faits prisonniers.

Masséna a sauvé la France à Zurich, comme quatre-vingt-dix ans auparavant Villars l'a sauvée à Denain.

Mais à l'intérieur, les affaires n'étaient point en si bon état, et le gouvernement directorial était, il faut le dire, fort embarrassé entre la guerre de la Vendée et les brigandages du Midi, auxquels, selon son habitude, la population avignonnaise était loin de rester étrangère.

Sans doute les deux voyageurs qui descendirent de la chaise de poste, arrêtée à la porte du *Palais-Royal,* avaient-ils quelque raison de craindre la situation d'esprit dans laquelle se trouvait la population toujours agitée de la ville papale, car un peu au-dessus d'Orgon, à l'endroit où trois chemins se présentent aux voyageurs, l'un conduisant à Nîmes, le second à Carpentras, le troisième à Avignon, le postillon avait arrêté ses chevaux et avait demandé :

— Les citoyens passent-ils par Avignon ou par Carpentras ?

— Laquelle des deux routes est la plus courte ? avait demandé d'une voix brève et stridente l'aîné des deux voyageurs, qui, quoique visiblement plus vieux de quelques mois, était à peine âgé de trente ans.

— Oh! la route d'Avignon, citoyen, d'une bonne lieue et demie au moins.

— Alors, avait-il répondu, suivons la route d'Avignon.

Et la voiture avait repris un galop qui annonçait que les *citoyens* voyageurs, comme les appelait le postillon, quoique la qualification de *monsieur* commençât à rentrer dans la conversation, payaient au moins trente sous de guides.

Ce même désir de ne point perdre de temps se manifesta à l'entrée de l'hôtel.

Ce fut toujours le plus âgé des deux voyageurs qui, là comme sur la route, prit la parole. Il demanda si l'on pouvait dîner promptement, et la forme dont était faite la demande indiquait qu'il était prêt à passer sur bien des exigences gastronomiques, pourvu que le repas demandé fut promptement servi.

— Citoyens, répondit l'hôte qui, au bruit de la voiture, était accouru, la serviette à la main, au-devant des voyageurs, vous serez rapidement et convenablement servis dans votre chambre; mais si je me permettais de vous donner un conseil...

Il hésita.

—Oh! donnez, donnez! dit le plus jeune des deux voyageurs, prenant la parole pour la première fois.

— Eh bien, ce serait de dîner tout simplement à table d'hôte, comme fait en ce moment le voyageur qui est attendu par cette voiture tout attelée; le dîner y est excellent, et tout servi.

L'hôte en même temps montrait une voiture organisée de la façon la plus confortable, et attelée, en effet, de deux chevaux qui frappaient du pied, tandis que le postillon prenait patience en vidant, sur le bord de la fenêtre, une bouteille de vin de Cahors.

Le premier mouvement de celui à qui cette offre était faite fut négatif ; mais cependant, après une seconde de réflexion, le plus âgé des deux voyageurs, comme s'il fût revenu sur sa détermination première, fit un signe interrogateur à son compagnon.

Celui-ci répondit d'un regard qui signifiait :

—Vous savez bien que je suis à vos ordres.

— Eh bien, soit, dit celui qui paraissait

chargé de prendre l'initiative, nous dînerons à table d'hôte.

Puis se retournant vers le postillon qui, chapeau bas, attendait ses ordres :

— Que dans une demi-heure au plus tard, dit-il, les chevaux soient à la voiture.

Et, sur l'indication du maître d'hôtel, tous deux entrèrent dans la salle à manger ; le plus âgé des deux marchait le premier, l'autre le suivait.

On sait l'impression que produisent en général deux nouveaux venus à une table d'hôte. Tous les regards se tournèrent vers eux ; la conversation, qui paraissait assez animée, fut interrompue.

Les convives se composaient : des habitués de l'hôtel, du voyageur dont la voiture attendait tout attelée à la porte d'un marchand de vin de Bordeaux en séjour momentané à Avignon pour les causes que nous allons dire, et d'un certain nombre de voyageurs se rendant de Marseille à Lyon par la diligence.

Les nouveaux arrivés saluèrent la société d'une légère inclination de tête, et se placèrent à l'extrémité de la table, s'isolant des autres convives par un intervalle de trois ou quatre couverts.

Cette espèce de réserve aristocratique

redoubla la curiosité dont ils étaient l'objet; d'ailleurs on sentait qu'on avait affaire à des personnages d'une incontestable distinction, quoique leurs vêtements fussent de la plus grande simplicité.

Tous deux portaient la botte à retroussis sur la culotte courte, l'habit à longues basques, le surtout de voyage et le chapeau à larges bords, ce qui était à peu près le costume de tous les jeunes gens de l'époque; mais ce qui les distinguait des élégants de Paris et même de la province, c'étaient leurs cheveux longs et plats, et leur cravate noire serrée autour du cou, à la façon des militaires.

Les muscadins, c'était le nom que l'on

donnait alors aux jeunes gens à la mode, les muscadins portaient les oreilles de chien bouffant aux deux tempes, les cheveux retroussés en chignon derrière la tête, et la cravate immense aux longs bouts flottants et dans laquelle s'engouffrait le menton.

Quelques-uns poussaient la réaction jusqu'à la poudre.

Quant au portrait des deux jeunes gens, il offrait deux types complètement opposés.

Le plus âgé des deux, celui qui plusieurs fois avait, nous l'avons déjà remarqué, pris l'initiative, et dont la voix, même dans ses intonations les plus familières, dénotait l'habitude du commandement, était, nous l'avons dit, un homme d'une trentaine d'années, aux cheveux noirs séparés sur le milieu du front, plats et tombant le long des tempes jusque sur ses épaules. Il avait le teint basané de l'homme qui a voyagé dans les pays méridionaux, les lèvres minces, le nez droit, les dents blanches, et ces yeux de faucon que Dante donne à César.

Sa taille était plutôt petite que grande, sa main était délicate, son pied fin et élégant ; il avait dans ses manières une certaine gêne qui indiquait qu'il portait en ce moment un costume dont il n'avait point l'habitude, et quand il avait parlé, si l'on

eût été sur les bords de la Loire au lieu
d'être sur les bords du Rhône, son interlocuteur aurait pu remarquer qu'il avait
dans la prononciation un certain accent
italien.

Son compagnon paraissait de trois ou
quatre ans moins âgé que lui.

C'était un beau jeune homme au teint
rose, aux cheveux blonds, aux yeux bleu
clair, au nez ferme et droit, au menton
prononcé, mais presque imberbe. Il pouvait avoir deux pouces de plus que son
compagnon, et quoique d'une taille au-
dessus de la moyenne, il semblait si bien
pris dans tout son ensemble, si admirable-
ment libre dans tous ses mouvements,

qu'on devinait qu'il devait être, sinon d'une force, du moins d'une agilité et d'une adresse peu communes.

Quoique mis de la même façon, quoique se présentant sur le pied de l'égalité, il paraissait avoir pour le jeune homme brun une déférence remarquable, qui, ne pouvant tenir à l'âge, tenait sans doute à une infériorité dans la condition sociale. En outre, il l'appelait citoyen, tandis que son compagnon l'appelait simplement Roland.

Ces remarques, que nous faisons pour initier plus profondément le lecteur à notre récit, ne furent probablement point faites dans toute leur étendue par les convives de la table d'hôte, car, après quelques secondes d'attention données aux nouveaux venus, les regards se détachèrent d'eux, et la conversation, un instant interrompue, reprit son cours.

Il faut avouer qu'elle portait sur un sujet des plus intéressants pour des voyageurs ; il était question de l'arrestation d'une diligence chargée d'une somme de soixante mille francs appartenant au gouvernement. L'arrestation avait eu lieu la veille sur la route de Marseille à Avignon, entre Lambesq et Pont-Royal.

Aux premiers mots qui furent redits sur l'évènement, les deux jeunes gens prêtèrent l'oreille avec un véritable intérêt.

L'évènement avait eu lieu sur la route même qu'ils venaient de suivre, et celui qui le racontait était un des acteurs principaux de cette scène de grand chemin.

C'était le marchand de vin de Bordeaux.

Ceux qui paraissaient le plus curieux de détails étaient les voyageurs de la diligence qui venait d'arriver et qui allait repartir. Les autres convives, c'est-à-dire ceux qui appartenaient à la localité, paraissaient assez au courant de ces sortes de catastrophes pour donner eux-mêmes des détails, au lieu d'en recevoir.

— Ainsi, citoyen, disait un gros monsieur contre lequel se pressait, dans sa terreur, une femme grande, sèche et maigre, vous dites que c'est sur la route même que nous venons de suivre que le vol a eu lieu ?...

— Oui, citoyen, entre Lambesq et Pont-Royal, avez-vous remarqué un endroit où la route monte et se resserre entre deux monticules? il y a là une foule de rochers.

— Oui, oui, mon ami, dit la femme en serrant le bras de son mari, je l'ai remarqué, j'ai même dit, tu dois t'en souvenir : Voici un mauvais endroit, j'aime mieux y passer de jour que de nuit.

— Oh! madame, dit un jeune homme

dont la voix affectait le parler grasseyant de l'époque, et qui, dans les temps ordinaires paraissait exercer sur la table d'hôte la royauté de la conversation, vous savez que, pour MM. les *Compagnons de Jehu*, il n'y a ni jour ni nuit.

—Comment! citoyen, demanda la dame encore plus effrayée, c'est en plein jour que vous avez été arrêté ?

— En plein jour, citoyenne, à dix heures du matin.

— Et combien étaient-ils ? demanda le gros monsieur.

— Quatre, citoyen.

— Embusqués sur la route ?

— Non, ils sont arrivés à cheval et armés jusqu'aux dents et masqués.

— C'est leur habitude, dit le jeune habitué de la table d'hôte, ils ont dit, n'est-ce pas : Ne vous défendez point, il ne vous sera fait aucun mal, nous n'en voulons qu'à l'argent du gouvernement.

— Mot pour mot, citoyen.

— Puis, continua celui qui paraissait si bien renseigné, deux sont descendus de cheval, ont jeté la bride de leurs chevaux à leurs compagnons et ont sommé le conducteur de leur remettre l'argent.

— Citoyen, dit le gros homme émerveillé, vous racontez la chose comme si vous l'aviez vue.

— Monsieur y était peut-être, dit un des voyageurs, moitié plaisantant, moitié doutant.

— Je ne sais, citoyen, si en disant cela, vous avez l'intention de me dire une impolitesse, fit insoucieusement le jeune homme qui venait si complaisamment et si pertinemment en aide a : narrateur; mais mes opinions politiques font que je ne regarde pas votre soupçon comme une insulte. Si j'avais eu le malheur d'être du nombre de ceux qui étaient attaqués, ou l'honneur d'être du nombre de ceux qui attaquaient, je le dirais aussi franchement dans un cas que dans l'autre ; mais hier matin, à dix heures, juste au moment où l'on arrêtait la diligence à quatre lieues d'ici, je déjeûnais tranquillement à cette même place ; et justement, tenez, avec les deux citoyens qui me font en ce moment l'honneur d'être placés à ma droite et à ma gauche.

— Et, demanda celui des deux voyageurs qui, les derniers arrivés, venaient de prendre place à table, et que son compagnon désignait sous le nom de Roland, et combien étiez-vous d'hommes dans la diligence ?

— Attendez ; je crois que nous étions...

oui, nous étions sept hommes et trois femmes.

— Sept hommes, non compris le conducteur? répéta Roland.

— Bien entendu.

— Et, à sept hommes, vous vous êtes laissé dévaliser par quatre bandits? Je vous en fais mon compliment, messieurs.

— Nous savions à qui nous avions affaire, répondit le marchand de vin, et nous n'avions garde de nous défendre.

— Comment! répliqua le jeune homme, à qui vous aviez affaire? mais vous aviez affaire, ce me semble, à des voleurs, à des bandits.

— Point du tout : ils s'étaient nommés.

— Sans doute.

— Comment! ils s'étaient nommés?

— Ils avaient dit : Messieurs, il est inutile de vous défendre ; mesdames, n'ayez pas peur ; nous ne sommes pas des brigands, nous sommes des *Compagnons de Jehu.*

— Oui, dit le jeune homme de la table d'hôte, ils préviennent pour qu'il n'y ait pas de méprise ; c'est leur habitude.

— Ah çà, dit Roland, qu'est-ce que c'est donc que ce Jehu qui a des compagnons si polis? Est-ce leur capitaine?

— Monsieur, dit un homme dont le costume avait quelque chose d'un prêtre sécularisé et qui paraissait, lui aussi, non-seulement un habitué de la table d'hôte, mais encore un initié aux mystères de l'honorable corporation dont on était en train de discuter les mérites, si vous étiez plus versé que vous ne paraissez l'être dans la lecture des Écritures saintes, vous sauriez qu'il y a quelque chose comme deux mille six cents ans que ce Jehu est mort, et que, par conséquent, il ne peut arrêter à l'heure qu'il est, les diligences sur les grandes routes.

— Monsieur l'abbé, répondit Roland qui avait reconnu l'homme d'église, comme, malgré le ton aigrelet avec lequel vous parlez, vous paraissez fort instruit, permettez à un pauvre ignorant de vous demander quelques détails sur ce Jehu mort il y a deux mille six cents ans, et qui, cependant, a l'honneur d'avoir des compagnons qui portent son nom.

— Jehu, répondit l'homme d'église du même ton vinaigré, était un roi d'Israël, sacré par Élisée, sous la condition de punir les crimes de la maison d'Achab et de Jezabel, et de mettre à mort tous les prêtres de Baal.

— Monsieur l'abbé, répliqua en riant le jeune homme, je vous remercie de l'explication ; je ne doute point qu'elle soit exacte et surtout très savante : seulement, je vous avoue qu'elle ne m'apprend pas grand'chose.

— Comment! citoyen, dit l'habitué de la table d'hôte, vous ne comprenez pas que Jehu c'est Sa Majesté Louis XVIII sacré sous la condition de punir les crimes de la Révolution et de mettre à mort les prêtres de Baal, c'est-à-dire tous ceux qui ont pris une part quelconque à cet abominable état de choses que depuis sept ans on appelle la République?

— Oui-da! fit le jeune homme ; si fait, je comprends. Mais, parmi ceux que les compagnons de Jehu sont chargés de combattre, comptez-vous les braves soldats qui ont repoussé l'étranger des frontières de

France, et les illustres généraux qui ont commandé les armées du Tyrol, de Sambre-et-Meuse et d'Italie?

— Mais, sans doute, ceux-là les premiers et avant tout.

Les yeux du jeune homme lancèrent un éclair, sa narine se dilata, ses lèvres se serrèrent, il se souleva sur sa chaise ; mais son compagnon le tira par son habit et le fit asseoir, tandis que d'un seul regard il lui imposait silence.

Puis, celui qui venait de donner cette preuve de sa puissance, prenant la parole pour la première fois :

— Citoyen, dit-il, s'adressant au jeune

homme de la table d'hôte, excusez deux voyageurs qui arrivent du bout du monde, comme qui dirait de l'Amérique ou de l'Inde, qui ont quitté la France depuis deux ans, qui ignorent complètement ce qui s'y passe, et qui sont désireux de s'instruire.

— Mais, comment donc, répondit celui auquel ces paroles étaient adressées, c'est trop juste, citoyen ; interrogez et l'on vous répondra.

— Eh bien, continua le jeune homme brun à l'œil d'aigle et aux cheveux noirs et plats, au teint granitique, maintenant que je sais ce que c'est que Jéhu et dans quel but sa compagnie est instituée, je voudrais savoir ce que ses compagnons font de l'argent qu'ils prennent.

— Oh! mon Dieu! c'est bien simple, citoyen; vous savez qu'il est fort question de la restauration de la monarchie bourbonienne?

— Non, je ne le sais pas, répondit le jeune homme brun d'un ton qu'il essayait inutilement de rendre naïf; j'arrive, comme je vous l'ai dit, du bout du monde.

— Comment! vous ne saviez pas cela? eh bien, dans six mois, ce sera un fait accompli.

— Vraiment!

— C'est comme j'ai l'honneur de vous le dire, citoyen.

Les deux jeunes gens à la tournure militaire échangèrent entre eux un regard et un sourire, quoique le jeune blond parût sous le poids d'une vive impatience.

Leur interlocuteur continua :

— Lyon est le quartier général de la conspiration, si toutefois on peut appeler conspiration un complot qui s'organise au grand jour ; le nom de gouvernement provisoire conviendrait mieux.

— Eh bien ! citoyen, dit le jeune homme brun avec une politesse qui n'était point exempte de raillerie, disons gouvernement provisoire.

— Ce gouvernement provisoire a son état-major et ses armées.

— Bah! son état-major, peut-être... mais ses armées...

— Ses armées, je le répète.

— Où sont-elles?

— Il y en a une qui s'organise dans les montagnes d'Auvergne, sous les ordres de M. de Chardon ; une autre dans les montagnes du Jura, sous les ordres de M. de Teyssonnet, enfin une troisième qui fonctionne, et même assez agréablement à cette heure, dans la Vendée, sous les ordres d'Escarboville, d'Achille Leblond et de Cadoudal.

— En vérité, citoyen, vous me rendez un véritable service en m'apprenant toutes ces nouvelles. Je croyais les Bourbons complètement résignés à l'exil; je croyais la police faite de manière qu'il n'existât ni comité provisoire royaliste dans les grandes villes, ni bandits sur les grandes routes. Enfin, je croyais la Vendée complètement pacifiée par le général Hoche.

Le jeune homme auquel s'adressait cette réponse éclata de rire.

— Mais d'où venez-vous ? s'écria-t-il, d'où venez-vous ?

— Je vous l'ai dit, citoyen, du bout du monde.

— On le voit.

Puis continuant :

— Eh bien ! vous comprenez, dit-il, les Bourbons ne sont pas riches, les émigrés, dont on a vendu les biens, sont ruinés, il est impossible d'organiser deux armées et d'en entretenir une troisième sans argent. On était embarrassé, il n'y avait que la république qui pût solder ses ennemis.; or, il n'était pas probable qu'elle s'y décidât de gré à gré; alors, sans essayer avec elle cette négociation scabreuse, on jugea qu'il était plus court de lui prendre son argent que de le lui demander.

— Ah ! je comprends, enfin.

— C'est bien heureux.

— Les *Compagnons de Jehu* sont les intermédiaires entre la république et la contre-révolution, les percepteurs des généraux royalistes.

— Oui, ce n'est plus un vol, c'est une opération militaire, un fait d'armes comme un autre.

— Justement, citoyen, vous y êtes, et vous voilà sur ce point, maintenant, aussi savant que nous.

— Mais, glissa timidement le marchand de vin de Bordeaux, si MM. les *Compagnons de Jehu,* — remarquez que je n'en dis aucun mal, — si MM. les *Compagnons de Jehu* n'en veulent qu'à l'argent du gouvernement...

— A l'argent du gouvernement, pas à d'autres ; il est sans exemple qu'ils aient dévalisé un particulier.

— Sans exemple ?

— Sans exemple.

— Comment se fait-il alors que hier, avec l'argent du gouvernement, ils aient emporté un groupe de deux cents louis qui m'appartenait ?

— Mon cher monsieur, répondit le jeune

homme de la table d'hôte, je vous ai déjà dit qu'il y avait là quelque erreur, et qu'aussi vrai que je m'appelle Alfred de Barjols, cet argent vous sera rendu un jour ou l'autre.

Le marchand de vin poussa un soupir et secoua la tête en homme qui, malgré l'assurance qui lui est donnée, conserve encore quelques doutes.

Mais en ce moment, comme si l'engagement pris par le jeune noble, qui venait de révéler sa condition sociale en disant son nom, avait éveillé la délicatesse de ceux pour lesquels il se portait garant, un cheval s'arrêta à la porte, on entendit des pas dans le corridor, la porte de la salle à manger s'ouvrit, et un homme masqué et armé jusqu'aux dents parut sur le seuil.

— Messieurs, dit-il au milieu du profond silence causé par son apparition, y a-t-il parmi vous un voyageur nommé Jean Picot, qui se trouvait hier dans la diligence qui a été arrêtée entre Lambesq et Pont-Royal?

— Oui, dit le marchand de vin tout étonné.

— C'est vous? demanda l'homme masqué.

— C'est moi.

— Ne vous a-t-il rien été pris !

— Si fait, il m'a été pris un groupe de deux cents louis que j'avais confié au conducteur.

— Et je dois même dire, ajouta le jeune noble, qu'à l'instant même monsieur en parlait et le regardait comme perdu.

— Monsieur avait tort, dit l'inconnu masqué, nous faisons la guerre au gouvernement et non aux particuliers, nous sommes des partisans et non des voleurs; voici vos deux cents louis, monsieur, et si pareille erreur arrivait à l'avenir, réclamez et recommandez-vous du nom de Morgan.

A ces mots, l'homme masqué déposa un

sac d'or à la droite du marchand de vin, salua courtoisement les convives de la table d'hôte et sortit laissant les uns dans la terreur et les autres dans la stupéfaction d'une pareille hardiesse.

II

Un proverbe italien.

Au reste, quoique les deux sentiments que nous venons d'indiquer aient été les sentiments dominants, ils ne se manifestaient point chez tous les assistants à un degré semblable. Les nuances se graduèrent selon le sexe, selon l'âge, selon le caractère, nous dirons presque selon la position sociale des auditeurs.

Le marchand de vin, Jean Picot, principal intéressé dans l'évènement qui venait de s'accomplir, reconnaissant dès la première vue, à son costume, à ses armes et à son masque, un des hommes auxquels il avait eu affaire la veille, avait d'abord, à son apparition, été frappé de stupeur ; puis, peu à peu, reconnaissant le motif de la visite que lui faisait le mystérieux bandit, il avait passé de la stupeur à la joie en traversant toutes les nuances intermédiaires qui séparent ces deux sentiments. Son sac d'or était près de lui, et l'on eût dit qu'il n'osait y toucher : peut-être craignait-

il, au moment où il y porterait la main,
de le voir s'évanouir comme l'or que l'on
croit trouver en rêve et qui disparaît même
avant que l'on rouvre les yeux, pendant
cette période de lucidité progressive qui
sépare le sommeil profond du réveil complet.

Le gros monsieur de la diligence et sa
femme avaient manifesté, ainsi que les autres voyageurs faisant partie du même
convoi, la plus franche et la plus complète
terreur. Placé à la gauche de Jean Picot,
quand il avait vu le bandit s'approcher du
marchand de vin, il avait, dans l'espérance
illusoire de maintenir une distance honnête entre lui et le compagnon de Jehu,
reculé sa chaise sur celle de sa femme,

qui, cédant au mouvement de pression, avait essayé de reculer la sienne à son tour. Mais comme la chaise qui venait ensuite était celle du citoyen Alfred de Barjols qui, lui, n'avait aucun motif de craindre des hommes sur lesquels il venait de manifester une si haute et si avantageuse opinion, la chaise de la femme du gros monsieur avait trouvé un obstacle dans l'immobilité de celle du jeune noble, de sorte que, de même qu'il arriva à Marengo, huit ou neuf mois plus tard, lorsque le général en chef jugea qu'il était temps de reprendre l'offensive, le mouvement rétrograde s'était arrêté.

Quant à celui-ci, — c'est du citoyen Alfred de Barjols que nous parlons, — son aspect, comme celui de l'abbé qui avait donné l'explication biblique touchant le roi d'Israël Jehu et la mission qu'il avait reçue d'Élisée, son aspect, disons-nous, avait été celui d'un homme qui non-seulement n'éprouve aucune crainte, mais qui s'attend même à l'évènement qui arrive, si inattendu que soit cet évènement. Il avait, le sourire sur les lèvres, suivi du regard l'homme masqué, et si tous les convives n'eussent été si préoccupés des deux acteurs principaux de la scène qui s'accomplissait, ils eussent pu remarquer un signe presque imperceptible échangé des yeux entre le bandit et le jeune noble, signe qui, à l'instant même, s'était reproduit entre le jeune noble et l'abbé.

De leur côté, les deux voyageurs que

nous avons introduits dans la salle de la table d'hôte, et qui, comme nous l'avons dit, étaient assez isolés à l'extrémité de la table, avaient conservé l'attitude propre à leurs différents caractères. Le plus jeune des deux avait instinctivement porté la main à son côté, comme pour y chercher une arme absente, et s'était levé, comme mû par un ressort, pour s'élancer à la gorge de l'homme masqué, ce qui n'eût certes pas manqué d'arriver s'il eût été seul; mais le plus âgé, celui qui paraissait avoir non-seulement l'habitude, mais le droit de lui donner des ordres, s'était, comme il avait déjà fait une première fois, contenté de le retenir vivement par son habit en lui disant d'un ton impératif, presque dur même:

— Assis, Roland!

Et le jeune homme s'était assis.

Mais celui de tous les convives qui était demeuré, en apparence du moins, le plus impassible pendant toute la scène qui venait de s'accomplir, était un homme de trente-trois à trente-quatre ans, blond de cheveux, roux de barbe, calme et beau de visage, avec de grands yeux bleus, un teint clair, des lèvres intelligentes et fines, une taille élevée et un accent étranger qui indiquait un homme né au sein de cette île dont le gouvernement nous faisait, à cette heure, une si rude guerre : autant qu'on pouvait en juger par les rares paroles qui lui étaient échappées. Il parlait, malgré l'accent que nous avons signalé, la langue française avec une rare pureté. Au premier mot qu'il avait prononcé et dans lequel il avait reconnu cet accent d'outre-Manche, le plus âgé des deux voyageurs avait tressailli ; et, se retournant du côté de son compagnon, habitué à lire la pensée dans son regard, il avait semblé lui demander comment un Anglais se trouvait en France au moment où la guerre acharnée, que se faisaient les deux nations, exilait naturellement les Anglais de France, comme les Français de l'Angleterre. Sans doute l'explication avait paru impossible à Roland, car celui-ci lui avait répondu d'un mouvement des yeux et d'un geste des épaules qui signifiaient :

— Cela me paraît tout aussi extraordinaire qu'à vous ; mais si vous ne trouvez pas l'explication d'un pareil problème, vous le mathématicien par excellence, ne me le demandez pas à moi.

Ce qui était resté de plus clair dans tout cela, dans l'esprit des deux jeunes gens, c'est que l'homme blond, à l'accent anglo-saxon, était le voyageur dont la calèche confortable attendait tout attelée à la porte de l'hôtel, et que ce voyageur était de Londres ou tout au moins de quelqu'un des comtés ou duchés de la Grande-Bretagne.

Quant aux paroles qu'il avait prononcées, nous avons dit qu'elles étaient rares, si rares qu'en réalité c'étaient plutôt des exclamations que des paroles, seulement, à chaque explication qui avait été demandée et donnée sur l'état de la France, l'Anglais avait ostensiblement tiré un calepin de sa poche et en priant, soit le marchand de vin, soit l'abbé, soit le jeune noble, de répéter l'explication, ce que chacun avait fait avec une complaisance pareille à la courtoisie qui présidait à la demande ; il avait pris en note ce qui avait été dit de plus important, de plus extraordinaire et de plus pittoresque, sur l'arrestation de la diligence, l'état de la Vendée et les *Compagnons de Jehu*, remerciant chaque fois de la voix et du geste, avec cette roideur particulière à nos voisins d'outre-mer, et chaque fois remettant dans la poche de côté de sa redingote son calepin enrichi d'une note nouvelle.

Enfin, comme un spectateur tout joyeux d'un dénoûment inattendu, il s'était écrié de satisfaction à l'aspect de l'homme masqué, avait écouté de toutes ses oreilles, avait regardé de tous ses yeux, ne l'avait point perdu de vue que la porte ne se fût refermée derrière lui, et alors tirant vivement son calepin de sa poche :

— Oh! monsieur, avait-il dit à son voisin qui n'était autre que l'abbé, seriez-vous assez bon, si je ne m'en souvenais pas, de me répéter mot pour mot ce qu'a dit le gentleman qui sort d'ici ?

Il s'était mis à écrire aussitôt, et, la mémoire de l'abbé s'associant à la sienne, il avait eu la satisfaction de transcrire, dans toute son intégrité, la phrase du compagnon de Jehu au citoyen Jean Picot.

Puis, cette phrase transcrite, il s'était écrié avec un accent qui ajoutait un étrange cachet d'originalité à ses paroles :

— Oh! ce n'est qu'en France, en vérité, qu'il arrive de pareilles choses ; la France, c'est le pays le plus curieux du monde. Je suis enchanté, messieurs, de voyager en France et de connaître les Français.

Et la dernière phrase avait été dite avec tant de courtoisie, qu'il ne restait plus, lorsqu'on l'avait entendue sortir de cette bouche sérieuse, qu'à remercier celui qui l'avait prononcée, fût-il le descendant des vainqueurs de Crécy, de Poitiers et d'Azincourt.

Ce fut le plus jeune des deux voyageurs qui répondit à cette politesse avec le ton d'insouciante causticité qui paraissait lui être naturel.

—Par ma foi! je suis exactement comme vous, milord; je dis milord, car je présume que vous êtes Anglais.

— Oui, monsieur, répondit le gentleman, j'ai cet honneur.

— Eh bien, comme je vous le disais, continua le jeune homme, je suis enchanté de voyager en France et d'y voir ce que j'y ai vu. Il faut vivre sous le gouvernement des citoyens Gohier, Moulins, Roger-Ducos, Sieyès et Barras, pour assister à une pareille drôlerie, et quand dans cinquante ans on racontera qu'au milieu d'une ville de trente mille âmes, en plein jour, un voleur de grand chemin est venu, le masque sur le visage, deux pistolets et un sabre à la ceinture, rapporter à un honnête négociant qui se désespérait de les avoir perdus, les deux cents louis qu'il lui avait pris la veille; quand on ajoutera que cela s'est passé à une table d'hôte où étaient assises vingt ou vingt-cinq personnes, et que ce bandit modèle s'est retiré sans que pas une des vingt ou vingt-cinq personnes présentes lui ait sauté à la gorge; j'offre de parier que l'on traitera d'infâme menteur celui qui aura l'audace de raconter l'anecdote.

Et le jeune homme, se renversant sur sa chaise, éclata de rire, mais d'un rire si nerveux et si strident, que tout le monde le regarda avec étonnement, tandis que, de son côté, son compagnon avait les yeux fixés sur lui avec une inquiétude presque paternelle.

— Monsieur, dit le citoyen Alfred de Barjols, qui, ainsi que les autres, paraissait impressionné de cette étrange modulation plus triste, ou plutôt plus douloureuse que gaie, et dont, avant de répondre, il avait laissé éteindre jusqu'au dernier frémissement; monsieur, permettez-moi de vous faire observer que l'homme que vous venez de voir n'est point un voleur de grand chemin.

—Bah! franchement, et qu'est-ce donc?

— C'est, selon toute probabilité, un jeune homme d'aussi bonne famille que vous et moi.

— Le comte de Horn, que le régent fit rouer en place de Grève, était aussi un jeune homme de bonne famille, et la preuve, c'est que toute la noblesse de Paris envoya des voitures à son exécution.

— Le comte de Horn avait, si je m'en souviens bien, assassiné un juif pour lui voler une lettre de change qu'il n'était point en mesure de lui payer, et nul n'osera vous dire qu'un compagnon de Jehu ait touché à un cheveu de la tête d'un enfant.

— Eh bien ! soit, admettons que l'institution soit fondée au point de vue philanthropique, pour rétablir la balance entre les fortunes, redresser les caprices du hasard, réformer les abus de la société ; pour être un voleur à la façon de Karl Moor, votre ami Morgan, n'est-ce point Morgan qu'a dit que s'appelait cet honnête citoyen ?..

— Oui, dit l'Anglais.

— Eh bien ! votre ami Morgan n'en est pas moins un voleur.

Le citoyen Alfred de Barjols devint très pâle.

— Le citoyen Morgan n'est pas mon ami, répondit le jeune aristocrate, et s'il l'était, je me ferais honneur de son amitié.

— Sans doute, répondit Roland en éclatant de rire ; comme dit M. de Voltaire :

L'amitié d'un grand homme est un bienfait des dieux.

— Roland, Roland ! lui dit à voix basse son compagnon.

— Oh ! général, répondit celui-ci, laissant à dessein peut-être échapper le titre qui était dû à son compagnon, laissez-moi, par grâce, continuer avec monsieur une discussion qui m'intéresse au plus haut degré.

Celui-ci haussa les épaules.

— Seulement, citoyen, continua le jeune homme avec une étrange persistance, j'ai besoin d'être édifié : il y a deux ans que j'ai quitté la France, et depuis mon départ, tant de choses ont changé, costume, mœurs, accent, que la langue pourrait bien avoir changé aussi. Comment appelez-vous, dans la langue que l'on parle aujourd'hui en France, arrêter les diligences et prendre l'argent qu'elles renferment ?

— Monsieur, dit le jeune noble du ton d'un homme décidé à soutenir la discussion jusqu'au bout, j'appelle cela faire la guerre ; et voilà votre compagnon, que vous avez appelé général tout à l'heure, qui en sa qualité de militaire vous dira, qu'à part le plaisir de tuer et d'être tué, les généraux de tous temps n'ont pas fait autre chose que ce que fait le citoyen Morgan.

— Comment! s'écria le jeune homme dont les yeux lancèrent un éclair, vous osez comparer...

— Laissez monsieur développer sa

théorie, Roland, dit le voyageur brun, dont les yeux, tout au contraire de ceux de son compagnon, qui semblaient s'être dilatés pour jeter leurs flammes, se voilèrent sous ses longs cils noirs, pour ne point laisser voir ce qui se passait dans son cœur.

— Ah! dit le jeune homme avec son accent saccadé, vous voyez bien qu'à votre tour vous commencez à prendre intérêt à la discussion.

Puis se tournant vers celui qu'il semblait avoir pris à partie :

— Continuez, monsieur, continuez, dit-il ; le général le permet.

Le jeune noble rougit d'une façon aussi visible qu'il venait de pâlir un instant auparavant, et les dents serrées, les coudes sur la table, le menton sur son poing pour se rapprocher autant que possible de son adversaire, avec un accent provençal qui devenait de plus en plus prononcé à mesure que la discussion devenait plus intense :

— Puisque *le général le permet*, reprit-il en appuyant sur ces deux mots, *le général*, j'aurai l'honneur de lui dire, et à vous, citoyen, par contre-coup, que je crois me souvenir d'avoir lu dans Plutarque, qu'au moment où Alexandre partit pour l'Inde, il n'emportait avec lui que dix-huit ou vingt talents d'or, quelque chose comme cent ou cent vingt mille francs. Or, croyez-vous que ce soit avec ces dix-huit ou vingt talents d'or qu'il nourrit son armée, gagna la bataille du Granique, soumit l'Asie Mineure, conquit Tyr, Gaza, la Syrie, l'Égypte, bâtit Alexandrie, pénétra jusqu'en Libye, se fit déclarer fils de Jupiter par l'oracle d'Ammon, pénétra jusqu'à l'Hyphase; et, comme ses soldats refusaient de le suivre plus loin, revint à Babylone pour y surpasser en luxe, en débauches et en mollesse, les plus luxueux, les plus débauchés et les plus voluptueux des rois d'Asie? Est-ce de la Macédoine qu'il tirait son argent, et croyez-vous que le roi Philippe, un des plus pauvres rois de la Grèce, faisait honneur aux traités que son fils tirait sur lui? Non pas; Alexandre faisait comme le citoyen Morgan ; seulement, au lieu d'arrêter les diligences sur les grandes routes, il pillait les villes, mettait les rois à rançon, levait des contributions sur les pays conquis. Passons à Annibal. Vous savez comment il est parti de Carthage, n'est-ce pas ? Il n'avait pas même les dix-huit ou vingt talents de son prédécesseur Alexandre ; mais, comme il lui fallait de l'argent, il prit et saccagea, au milieu de la paix et contre la foi des traités, la ville de Sagonte ; dès-lors il fut riche et put se mettre en campagne. Pardon, cette fois-ci, ce n'est plus du Plutarque, c'est du Cornélius Népos. Je vous tiens quitte de sa descente des Pyrénées, de sa montée des Alpes, des trois batailles qu'il a gagnées en s'emparant chaque fois des trésors du vaincu, et j'en arrive aux cinq ou six ans qu'il a passés dans la Campanie. Croyez-vous que lui et son armée payaient pension aux Capouans et que les banquiers de Carthage, qui étaient brouillés avec lui, lui envoyaient de l'argent? Non, la guerre nourrissait la guerre, système Morgan, citoyen. Passons à César. Ah! César, c'est autre chose. Il part pour l'Espagne avec quelque chose comme trente millions de dettes, revient à peu près au pair, part pour la Gaule, reste dix ans chez nos ancêtres; pendant ces dix ans, envoie plus de cent millions à Rome, repasse les Alpes, franchit le Rubicon, marche droit au Capitole, force les portes du temple de Saturne où est le trésor, y prend pour ses besoins particuliers, et non pas pour ceux de la république, trois mille livres pesant d'or en lingots, et meurt, lui que ses créanciers, vingt ans auparavant, ne voulaient pas laisser sortir de sa petite maison de la rue Suburra, laissant deux ou trois mille sesterces par chaque tête de citoyen, dix ou douze millions à Calpurnie et trente ou quarante millions à Octave. Système Morgan toujours, à l'exception que Morgan, j'en suis sûr, mourra sans avoir touché pour son compte ni à l'argent des Gaulois, ni à l'or du Capitole. Maintenant, sautons dix-huit cents ans et arrivons au général Buonaparté.

Et le jeune aristocrate, comme avaient l'habitude de le faire les ennemis du vainqueur de l'Italie, affecta d'appuyer sur l'*u*, que Bonaparte avait retranché de son nom, et sur l'*e*, dont il avait enlevé l'accent fermé.

Cette affection parut irriter vivement Roland, qui fit un mouvement comme pour s'élancer en avant ; mais son compagnon l'arrêta.

— Laissez, dit-il, laissez, Roland ; je suis bien sûr que le citoyen Barjols ne dira pas que le général Buonaparté, comme il l'appelle, est un voleur.

— Non, je ne le dirai pas, moi ; mais il y a un proverbe italien qui le dit pour moi.

— Voyons le proverbe ? demanda le général se substituant à son compagnon, et cette fois fixant sur le jeune noble son œil limpide, calme ét profond.

— Le voici dans toute sa simplicité : *Francesi non sono tutti ladroni, ma Buonaparte.* Ce qui veut dire : « Tous les Français ne sont pas des voleurs, mais... »

— Une bonne partie, dit Roland.

— Oui, mais Buonaparté, répondit Barjols.

A peine l'insolente parole était-elle sortie de la bouche du jeune aristocrate que l'assiette avec laquelle jouait Roland s'était échappée de ses mains et l'allait frapper en plein visage.

Les femmes jetèrent un cri, les hommes se levèrent.

Roland éclata de ce rire nerveux qui lui était habituel, et retomba sur sa chaise.

Le jeune aristocrate resta calme, quoiqu'une rigole de sang coulât de son sourcil sur sa joue.

En ce moment le conducteur entra, disant selon la formule habituelle :

— Allons, citoyens voyageurs, en voiture !

Les voyageurs, pressés de s'éloigner du théâtre de la rixe à laquelle ils venaient d'assister, se précipitèrent vers la porte.

— Pardon, monsieur, dit Alfred de Barjols à Roland, vous n'êtes pas de la diligence, j'espère?

— Non, monsieur, je suis de la chaise de poste; mais soyez tranquille; je ne pars pas.

— Ni moi, dit l'Anglais; dételez les chevaux, je reste.

— Moi je pars, dit avec un soupir le jeune homme brun que Roland avait désigné sous le titre de général; tu sais qu'il le faut, mon ami, et que ma présence est absolument nécessaire là-bas. Mais, je te jure bien que je ne te quitterais point ainsi si je pouvais faire autrement...

Et en disant ces mots, sa voix trahissait une émotion dont son timbre, ordinairement ferme et métallique, ne paraissait pas susceptible.

Tout au contraire, Roland paraissait au comble de la joie ; on eût dit que cette nature de lutte s'épanouissait à l'approche du danger qu'il avait, sinon fait naître, mais que du moins il n'avait point cherché à éviter.

— Bon! général, dit-il, nous devions nous quitter à Lyon, puisque vous avez eu la bonté de m'accorder un congé d'un mois pour aller à Bourg, dans ma famille. C'est une soixantaine de lieues de moins que nous faisons ensemble, voilà tout. Je vous retrouverai à Paris. Seulement, vous savez, si vous avez besoin d'un homme dévoué et qui ne boude pas, songez à moi.

— Sois tranquille, Roland.

Puis regardant attentivement les deux adversaires :

—Avant tout, Roland, dit-il à son jeune compagnon avec un indéfinissable accent de tendresse, ne te fais pas tuer; mais, si la chose est possible, ne tue pas non plus ton adversaire. Ce jeune homme, à tout prendre, est un homme de cœur, et je veux avoir un jour pour moi tous les gens de cœur.

—On fera de son mieux, général, soyez tranquille.

En ce moment, l'hôte parut sur le seuil de la porte.

— La chaise de poste pour Paris est attelée, dit-il.

Le général prit son chapeau et sa canne déposés sur une chaise; mais, au contraire, Roland affecta de le suivre nu-tête, pour que l'on vît bien qu'il ne comptait point partir avec son compagnon.

Aussi Alfred de Barjols ne fit-il aucune opposition à sa sortie. D'ailleurs il était facile de voir que son adversaire était de ceux qui cherchent plutôt les querelles que de ceux qui les évitent.

Celui-ci accompagna le général jusqu'à la voiture, où le général monta.

— C'est égal, dit ce dernier en s'asseyant, cela me fait gros cœur de te laisser ici, Roland, sans un ami pour te servir de témoin.

— Bon ! ne vous inquiétez point de cela, général ; on ne manque jamais de témoins : il y a et il y aura toujours des gens curieux de savoir comment un homme en tue un autre.

— Au revoir, Roland ; tu entends bien,

je ne te dis pas adieu, je te dis au revoir!

— Oui, mon cher général, répondit le jeune homme d'une voix presque attendrie, j'entends bien, et je vous remercie.

— Promets-moi de me donner de tes nouvelles aussitôt l'affaire terminée, ou de me faire écrire par quelqu'un, si tu ne pouvais m'écrire toi-même.

— Oh! n'ayez crainte, général; avant quatre jours vous aurez une lettre de moi, répondit Roland.

Puis avec un accent de profonde amertume :

— Ne vous êtes-vous pas aperçu, dit-il,

qu'il y a sur moi une fatalité qui ne veut pas que je meure ?

— Roland ! fit le général d'un ton sévère, encore !

— Rien, rien, dit le jeune homme en secouant la tête, et en donnant à ses traits l'apparence d'une insouciante gaîté, qui devait être l'expression habituelle de son visage avant que lui fût arrivé le malheur inconnu qui, si jeune, paraissait lui faire désirer la mort.

— Bien. A propos, tâche de savoir une chose.

— Laquelle, général ?

— C'est comment il se fait qu'au moment où nous sommes en guerre avec l'Angleterre, un Anglais se promène en France aussi libre et aussi tranquille que s'il était chez lui.

— Bien : je le saurai.

— Comment cela ?

— Je ne sais pas encore ; mais quand je vous promets de le savoir, je le saurai, quand je devrais le lui demander à lui.

— Mauvaise tête ! ne va pas te faire une autre affaire de ce coté-là.

— Dans tous les cas, comme c'est un ennemi, ce ne serait plus un duel, ce serait un combat.

— Allons, encore une fois au revoir, et embrasse-moi.

Roland se jeta avec un mouvement de reconnaissance passionnée au cou de celui qui venait de lui donner cette permission.

— Oh! général! s'écria-t-il, que je serais heureux... si je n'étais pas si malheureux!

Le général le regarda avec une affection profonde.

— Un jour tu me conteras ton malheur, n'est-ce pas, Roland? dit-il.

Roland éclata de ce rire douloureux qui

deux ou trois fois déjà s'était fait jour entre ses lèvres.

— Oh! par ma foi, non, dit-il, vous en ririez trop.

Le général le regarda comme il eût regardé un fou.

— Enfin, dit-il, il faut prendre les gens comme ils sont.

— Surtout lorsqu'ils ne sont pas ce qu'ils paraissent être.

— Tu me prends pour OEdipe, et tu me poses des énigmes, Roland.

— Ah! si vous devinez celle-là, général,

je vous salue roi de Thèbes. Mais avec toutes mes folies, j'oublie que chacune de vos minutes est précieuse et que je vous retiens ici inutilement.

— Tu as raison. As-tu des commissions pour Paris?

— Trois : mes amitiés à Bourrienne, mes respects à votre frère Lucien, et mes plus tendres hommages à madame Bonaparte.

— Il sera fait comme tu le désires.

— Où vous retrouverai-je à Paris?

— Dans ma maison de la rue de la Victoire, et peut-être...

— Peut-être...

— Qui sait? peut-être au Luxembourg.

Puis se rejetant en arrière, comme s'il regrettait d'en avoir tant dit, même à celui qu'il regardait comme son meilleur ami :

— Route d'Orange, dit-il au postillon, et le plus vite possible.

Le postillon, qui n'attendait qu'un ordre, fouetta ses chevaux; la voiture partit, rapide et grondante comme la foudre, et disparut par la porte d'Oulle.

III

L'Anglais.

Roland resta immobile à sa place, non-seulement tant qu'il put voir la voiture, mais encore longtemps après qu'elle eut disparu.

Puis, secouant la tête comme pour faire

tomber de son front le nuage qui l'assombrissait, il rentra dans l'hôtel et demanda une chambre.

— Conduisez monsieur au numéro 3, dit l'hôte à une femme de chambre.

La femme de chambre prit une clé suspendue à une large tablette de bois noir, sur laquelle étaient rangés, sur deux lignes, des numéros blancs, et fit signe au jeune voyageur qu'il pouvait la suivre.

— Faites-moi monter du papier, une plume et de l'encre, dit le jeune homme à l'hôte ; et si M. de Barjols s'informe où je suis, donnez-lui le numéro de ma chambre.

L'hôte promit de se conformer aux intentions de Roland, qui monta derrière la fille en sifflant *la Marseillaise*.

Cinq minutes après, il était assis près d'une table, ayant devant lui l'encre, le papier, la plume demandés, et s'apprêtant à écrire.

Mais au moment où il allait tracer la première ligne, on frappa trois coups à sa sa porte.

— Entrez, dit-il en faisant pirouetter sur un de ses pieds de derrière le fauteuil dans lequel il était assis, afin de faire face au visiteur, qui, dans son appréciation, devait être soit M. de Barjols, soit un de ses amis.

La porte s'ouvrit d'un mouvement régulier comme celui d'une mécanique, et l'Anglais parut sur le seuil.

— Ah! s'écria Roland enchanté de la visite, au point de vue de la recommandation que lui avait faite son général, c'est vous ?

— Oui, dit l'Anglais, c'est moi.

— Soyez le bienvenu.

— Oh! que je sois le bienvenu, tant mieux! car je ne savais point si je devais venir.

— Pourquoi cela ?

— A cause d'Aboukir.

Roland se mit à rire.

— Il y a eu deux batailles d'Aboukir, dit-il : celle que nous avons perdue, celle que nous avons gagnée.

— A cause de celle que vous avez perdue.

— Bon! dit Roland, on se bat, on se tue, on s'extermine sur le champ de bataille ; mais cela n'empêche point qu'on se serre la main lorsqu'on se rencontre en terre neutre ; je vous répète donc, soyez le bienvenu, surtout si vous voulez bien me dire pourquoi vous venez.

— Merci; mais avant tout lisez ceci.

Et l'Anglais tira un papier de sa poche.

— Qu'est-ce? demanda Roland.

— Mon passe-port.

— Qu'ai-je affaire de votre passe-port? demanda Roland; je ne suis pas gendarme.

— Non; mais comme je viens vous offrir mes services, peut-être ne les accepteriez-vous point si vous ne saviez pas qui je suis.

— Vos services, monsieur?

— Oui; mais lisez.

Roland lut :

« Au nom de la République française, le Directoire exécutif invite les autorités à laisser circuler librement et à lui prêter aide et protection en cas de besoin sir John Tanlay, esq., dans toute l'étendue du territoire de la République.

» Signé : Fouché. »

— Et plus bas, voyez.

« Je recommande tout particulièrement à qui de droit sir John Tanlay comme un philanthrope et un ami de la liberté.

» Signé : Barras. »

— Vous avez lu ?

— Oui, j'ai lu ; après ?

— Oh ! après. Mon père, milord Tanlay, a rendu des services à M. Barras; c'est pourquoi M. Barras permet que je me promène en France, et je suis bien content de me promener en France, je m'amuse beaucoup.

— Oui, je me le rappelle, sir John ; vous nous avez déjà fait l'honneur de nous dire cela à table.

— Oui, je l'ai dit, c'est vrai ; j'ai dit aussi que j'aimais beaucoup les Français.

Roland s'inclina.

— Et surtout le général Bonaparte continua sir John.

— Vous aimez beaucoup le général Bonaparte !

— Je l'admire ; c'est un grand, très grand homme.

— Ah ! pardieu ! sir John, je suis fâché qu'il n'entende pas un Anglais dire cela de lui.

— Oh ! s'il était là, je ne le dirais point.

— Pourquoi ?

— Je ne voudrais pas qu'il crût que je dis cela pour lui faire plaisir. Je dis cela parce que c'est mon opinion.

— Je n'en doute pas, milord, fit Roland qui ne savait pas où l'Anglais en voulait venir, et qui, ayant appris par le passe-port ce qu'il voulait savoir, se tenait sur la réserve.

— Et quand j'ai vu, continua l'Anglais avec le même flegme, que vous preniez le parti du général Bonaparte, cela m'a fait plaisir.

— Vraiment?

— Grand plaisir, fit l'Anglais avec un mouvement de tête affirmatif.

— Tant mieux !

— Mais quand j'ai vu que vous jetiez une assiette à la tête de M. Alfred de Barjols, cela m'a fait de la peine.

— Cela vous a fait de la peine, milord; et en quoi?

— Parce qu'en Angleterre un gentleman il ne jette pas une assiette à la tête d'un autre gentleman.

— Ah! milord, dit Roland en se levant et fronçant le sourcil, seriez-vous venu, par hasard, pour me faire une leçon ?

— Oh! non; je suis venu pour vous

dire : Vous êtes embarrassé peut-être de trouver un témoin ?

— Ma foi ! sir John, je vous l'avouerai, et au moment où vous avez frappé à la porte, je m'interrogeais pour savoir à qui je demanderais ce service.

— Moi, si vous voulez, dit l'Anglais, je serai votre témoin.

— Ah ! pardieu ! fit Roland, avec grand plaisir.

— Voilà le service que je voulais rendre moi à vous.

Roland lui tendit la main.

— Accepté, dit-il.

L'Anglais s'inclina.

— Maintenant, continua Roland, vous avez eu le bon goût, milord, avant de m'offrir vos services, de me dire qui vous étiez ; il est trop juste, du moment où je les accepte, que vous sachiez qui je suis.

— Oh ! comme vous voudrez.

— Je me nomme Louis de Montrevel ; je suis aide-de-camp du général Bonaparte.

— Aide-de-camp du général Bonaparte ! je suis bien aise.

— Ceci vous explique comment j'ai pris, un peu trop chaudement peut-être, la défense de mon général.

— Non, pas trop chaudement ; seulement l'assiette...

— Oui, je sais bien, la provocation pouvait se passer de l'assiette ; mais, que voulez-vous, je la tenais à la main, je ne savais qu'en faire, je l'ai jetée à la tête de M. de Barjols ; elle est partie toute seule sans que je voulusse.

— Vous ne lui direz pas cela à lui.

— Oh! soyez tranquille ; je vous le dis à vous pour mettre votre conscience en repos.

— Très bien ; alors, vous vous battrez ?

— Je suis resté pour cela du moins.

— Et, à quoi vous battrez-vous ?

— Cela ne me regarde pas, milord.

— Comment ! cela ne vous regarde pas ?

— Non ; M. de Barjols est l'insulté, c'est à lui de choisir ses armes.

— Alors, l'arme qu'il proposera, vous l'accepterez ?

— Pas moi, sir John, mais vous en mon nom, puisque vous me faites l'honneur d'être mon témoin.

— Et si c'est le pistolet qu'il choisit, à quelle distance et comment désirez-vous vous battre ?

— Ceci c'est votre affaire, milord, et non la mienne. Je ne sais pas si cela se fait ainsi en Angleterre, mais en France les combattants ne se mêlent de rien ; c'est aux témoins d'arranger les choses ; ce qu'ils font est toujours bien fait.

— Alors, ce que je ferai sera bien fait ?

— Parfaitement fait, milord.

L'Anglais s'inclina.

— L'heure et le jour du combat ?

— Oh! cela, le plus tôt possible ; il y a deux ans que je n'ai vu ma famille, et je vous avoue que je suis pressé d'embrasser tout mon monde.

L'Anglais regarda Roland avec un certain étonnement ; il parlait avec tant d'assurance qu'on eût dit qu'il avait d'avance la certitude de ne pas être tué.

En ce moment on frappa à la porte, et la voix de l'aubergiste demanda :

— Peut-on entrer?

Le jeune homme répondit affirmativement : la porte s'ouvrit, et l'aubergiste entra effectivement tenant à la main une carte qu'il présenta à son hôte.

Le jeune homme prit la carte et lut :
« Charles de Valansolle. »

— De la part de M. Alfred de Barjols, dit l'hôte.

— Très bien! fit Roland.

Puis, passant la carte à l'Anglais :

— Tenez, cela vous regarde ; c'est inutile que je voie ce monsieur, puisque dans ce pays-ci on n'est plus citoyen. M. de Valansolle est le témoin de M. de Barjols, vous êtes le mien, arrangez la chose entre vous ; seulement, ajouta le jeune homme en serrant la main de l'Anglais et en le regardant fixement, tâchez que ce soit sérieux; je ne récuserais ce que vous aurez fait que s'il n'y avait point chance de mort pour l'un ou pour l'autre.

— Soyez tranquille, dit l'Anglais, je ferai comme pour moi.

— A la bonne heure ! allez, et quand tout sera arrêté, remontez ; je ne bouge pas d'ici.

Sir John suivit l'aubergiste ; Roland se rassit, fit pirouetter son fauteuil dans le sens inverse et se retrouva devant sa table.

Il prit sa plume et se mit à écrire.

Lorsque sir John rentra, Roland, après

avoir écrit et cacheté deux lettres, mettait l'adresse sur la troisième.

Il fit signe de la main à l'Anglais d'attendre qu'il eût fini afin de pouvoir lui donner toute son attention.

Il acheva l'adresse, cacheta la lettre, et se retourna.

— Eh bien, demanda-t-il, tout est-il réglé ?

— Oui, dit l'Anglais; et ç'a été chose facile ; vous avez affaire à un vrai gentleman.

— Tant mieux ! fit Roland.

Et il attendit.

— Vous vous battez dans deux heures à la fontaine de Vaucluse; un lieu charmant, au pistolet, en marchant l'un sur l'autre, chacun tirant à sa volonté et pouvant continuer de marcher après le feu de son adversaire.

— Par ma foi ! vous avez raison, sir John ; voilà qui est tout à fait bien. C'est vous qui avez réglé cela ?

— Moi et le témoin de M. de Barjols ; votre adversaire ayant renoncé à tous ses priviléges d'insulté.

— S'est-on occupé des armes ?

— J'ai offert mes pistolets ; ils ont été acceptés sur ma parole d'honneur qu'ils étaient aussi inconnus à vous qu'à M. de Barjols ; ce sont d'excellentes armes avec lesquelles, à vingt pas, je coupe une balle sur la lame d'un couteau.

— Peste ! vous tirez bien à ce qu'il paraît, milord ?

— Oui ; je suis, à ce que l'on dit, le meilleur tireur de l'Angleterre.

— C'est bon à savoir ; quand je voudrai me faire tuer, sir John, je vous chercherai querelle.

— Oh ! ne cherchez jamais une querelle

à moi, dit l'Anglais, cela me ferait trop grand'peine d'être obligé de me battre avec vous.

— On tâchera, milord, de ne pas vous faire de chagrin ; c'est dans deux heures, dites-vous ?

— Oui ; vous m'avez dit que vous étiez pressé.

— Parfaitement. Combien y a-t-il d'ici à l'endroit charmant?

— D'ici à Vaucluse?

— Oui.

— Quatre lieues.

— C'est l'affaire d'une heure et demie ; nous n'avons pas de temps à perdre; débarrassons-nous donc des choses ennuyeuses pour n'avoir plus que le plaisir.

L'Anglais regarda le jeune homme avec étonnement.

Roland ne parut faire aucune attention à ce regard.

— Voici trois lettres, dit-il, une pour madame de Montrevel, ma mère ; une pour mademoiselle de Montrevel, ma sœur ; une pour le citoyen Bonaparte, mon général. Si je suis tué, vous les mettrez purement et simplement à la poste. Est-ce trop de peine ?

— Si ce malheur arrive, je porterai moi-même les lettres, dit l'Anglais.

Roland regarda sir John.

— Où demeurent madame votre mère et mademoiselle votre sœur ? demanda-t-il.

— A Bourg, chef-lieu du département de l'Ain.

— C'est tout près d'ici, répondit l'Anglais. Quant au général Bonaparte, j'irai, s'il le faut, en Égypte ; je serais extrêmement satisfait de voir le général Bonaparte.

— Si vous partez, comme vous le dites,

milord, la peine de porter la lettre vous-même, vous n'aurez pas une si longue course à faire : dans trois jours le général Bonaparte sera à Paris.

— Oh! fit l'Anglais sans manifester le moindre étonnement ; vous croyez ?

— J'en suis sûr, répondit Roland.

— C'est, en vérité, un homme fort extraordinaire que le général Bonaparte. Maintenant, avez-vous encore quelque autre recommandation à me faire, monsieur de Montrevel ?

— Une seule, milord.

— Oh! plusieurs si vous voulez.

— Non, merci, une seule, mais très importante.

— Dites.

— Si je suis tué... mais je doute que j'aie cette chance...

Sir John regarda Roland avec cet œil étonné qu'il avait déjà deux ou trois fois arrêté sur lui.

— Si je suis tué, reprit Roland, car au bout du compte il faut bien tout prévoir...

— Oui, si vous êtes tué, j'entends.

— Écoutez bien ceci, milord, car je

tiens expressément, en ce cas, à ce que les choses se passent exactement comme je vais vous le dire.

— Cela se passera comme vous le direz, répliqua sir John ; je suis un homme fort exact.

— Eh bien donc, si je suis tué, insista Roland en posant et en appuyant la main sur l'épaule de son témoin, comme pour mieux imprimer dans sa mémoire la recommandation qu'il allait lui faire, vous mettrez mon corps comme il sera, tout habillé, sans permettre que personne le touche, dans un cercueil de plomb que vous ferez souder devant vous ; vous enfermerez le cercueil de plomb dans une bière de chêne, que vous ferez également clouer devant vous. Enfin, vous expédierez le tout à ma mère, à moins que vous n'aimiez mieux jeter le tout dans le Rhône, ce que je laisse absolument à votre choix, pourvu qu'il y soit jeté.

— Il ne me coûtera pas plus de peine, reprit l'Anglais, puisque je porte la lettre, de porter le cercueil avec moi.

— Allons décidément, milord, dit Roland riant aux éclats de son rire étrange, vous êtes un homme charmant, et c'est la Providence en personne qui a permis que je vous rencontre. En route, milord, en route !

Tous deux sortirent de la chambre de

Roland. Celle de sir John était située sur le même palier. Roland attendit que l'Anglais rentrât chez lui pour prendre ses armes.

Il en sortit après quelques secondes, tenant une boîte de pistolets à la main.

— Maintenant, milord, demanda Roland, comment allons-nous à Vaucluse ? à cheval ou en voiture ?

— En voiture, si vous voulez bien. Une voiture, c'est commode beaucoup plus si l'on était blessé ; la mienne attend en bas.

— Je croyais que vous aviez fait dételer ?

— J'en avais donné l'ordre, mais j'ai fait courir après le postillon pour lui donner contre-ordre.

On descendit l'escalier.

— Tom, Tom, dit sir John en arrivant à la porte où l'attendait un domestique dans la sévère livrée d'un groom anglais, chargez-vous de cette boîte.

— *I am going with, my lord?* demanda le domestique.

— *Yes !* répondit sir John.

Puis montrant à Roland le marchepied de la calèche qu'abaissait son domestique :

— Venez, monsieur de Montrevel, dit-il.

Roland monta dans la calèche et s'y étendit voluptueusement.

— En vérité, dit-il, il n'y a décidément que vous autres Anglais pour comprendre les voitures de voyage ; on est dans la vôtre comme dans son lit. Je parie que vous faites capitonner vos bières avant de vous y coucher!

— Oui, c'est un fait, répondit John, le peuple Anglais il entend très bien le confortable; mais le peuple français il est un peuple plus curieux et plus amusant... Postillon, à Vaucluse.

IV

Le duel.

La route n'est praticable que d'Avignon à l'Isle. On fit les trois lieues qui séparaient l'Isle d'Avignon en une heure.

Pendant cette heure, Roland, comme s'il eût pris à tâche de faire paraître le temps court à son compagnon de voyage, fut verveux et plein d'entrain ; plus il approchait du lieu du combat, plus sa gaîté redoublait. Quiconque n'eût point su la cause du voyage ne se fût jamais douté que ce jeune homme, au babil intarissable et au rire incessant, fût sous la menace d'un danger mortel.

Au village d'Isle, il fallut descendre de voiture. On s'informa ; Roland et sir John étaient les premiers arrivés.

Ils s'engagèrent dans le chemin qui conduit à la fontaine.

— Oh! oh! dit Roland, il doit y avoir un bel écho ici.

Il y jeta un ou deux cris auxquels l'écho répondit avec une complaisance parfaite.

— Ah! par ma foi, dit le jeune homme, voici un écho merveilleux. Je ne connais que celui de la Scinonnetta, à Milan, qui lui soit comparable. Attendez, milord.

Et il se mit, avec des modulations qui indiquaient à la fois une voix admirable et une méthode excellente, à chanter une tyrolienne qui semblait un défi porté, par la musique révoltée, au gosier humain.

Sir John regardait et écoutait Roland avec un étonnement qu'il ne se donnait plus la peine de dissimuler.

Lorsque la dernière note se fut éteinte dans la cavité de la montagne :

— Je crois, Dieu me damne! dit sir John, que vous avez le spleen.

Roland tressaillit et le regarda comme pour l'interroger.

Mais voyant que sir John n'allait pas plus loin :

— Bon ! et qui vous fait croire cela ? demanda-t-il.

— Vous êtes trop bruyamment gai pour n'être pas profondément triste.

— Oui, et cette anomalie vous étonne?

— Rien ne m'étonne, chaque chose a sa raison d'être.

— C'est juste; le tout est d'être dans le secret de la chose. Eh bien, je vais vous y mettre.

— Oh ! je ne vous y force aucunement.

— Vous êtes trop courtois pour cela; mais avouez que cela vous ferait plaisir d'être fixé à mon endroit.

— Par intérêt pour vous, oui.

— Eh bien, milord, voici le mot de l'énigme, et je vais vous dire, à vous, ce que je n'ai encore dit à personne. Tel que vous me voyez, et avec les apparences d'une santé excellente, je suis atteint d'un anévrisme qui me fait horriblement souffrir. Ce sont à tout moment des spasmes, des faiblesses, des évanouissements qui feraient honte à une femme. Je passe ma vie à prendre des précautions ridicules, et, avec tout cela, Larrey m'a prévenu que je dois m'attendre à disparaître de ce monde d'un moment à l'autre, l'artère attaquée pouvant se rompre dans ma poitrine au moindre effort que je ferai. Jugez comme c'est amusant pour un militaire! Vous comprenez que, du moment où j'ai été éclairé de ma situation, j'ai décidé que je me ferai tuer avec le plus d'éclat possible. Je me suis mis incontinent à l'œuvre. Un autre plus chanceux aurait réussi au moins déjà cent fois; mais moi, ah! bien oui, je suis ensorcelé : ni balles ni boulets ne veulent de moi ; on dirait que les sabres ont peur de s'ébrécher sur ma peau. Je ne manque pourtant pas une occasion ; vous l'avez vu d'après ce qui s'est passé à table. Eh bien, nous allons nous battre, n'est-ce pas ? Je vais me livrer comme un fou, donner tous les avantages à mon adversaire, cela n'y fera absolument rien : il tirera à quinze pas, à dix pas, à cinq pas, à bout portant sur moi et il me manquera, ou son pistolet brûlera l'amorce sans partir ; et tout cela, la belle avance, je vous le demande un peu, pour que je crève un beau jour au moment où je m'y attendrai le moins, en tirant mes bottes ! Mais silence, voici mon adversaire.

En effet, par la même route qu'avaient

suivie Roland et sir John à travers les sinuosités du terrain et les aspérités du rocher, on voyait apparaître la partie supérieure du corps de trois personnages qui allaient grandissant à mesure qu'ils approchaient.

Roland les compta.

— Trois. Pourquoi trois, dit-il, quand nous ne sommes que deux ?

— Ah! j'avais oublié, dit l'Anglais : M. de Barjols, autant dans votre intérêt que dans le sien, a demandé d'amener un chirurgien de ses amis.

— Pourquoi faire ? demanda Roland

d'un ton presque brusque et en fronçant le sourcil.

— Mais au cas où l'un de vous serait blessé; une saignée, dans certaines circonstances, peut sauver la vie à un homme.

— Sir John, fit Roland avec une expression presque féroce, je ne comprends pas toutes ces délicatesses en matière de duel. Quand on se bat, c'est pour se tuer. Qu'on se fasse auparavant toutes sortes de politesses, comme vos ancêtres et les miens se sont faits à Fontenoy, très bien ; mais une fois que les épées sont hors du fourreau ou les pistolets chargés, il faut que la vie d'un homme paye la peine que l'on a prise et les battements de cœur que l'on a perdus. Moi, sur votre parole d'honneur, sir John, je vous demande une chose : c'est que, blessé ou tué, vivant ou mort, le chirurgien de M. Barjols ne me touchera pas.

— Mais cependant, monsieur Roland...

— Oh! c'est à prendre ou à laisser. Votre parole d'honneur, milord, ou le diable m'emporte, je ne me bats pas.

L'Anglais regarda le jeune homme avec étonnement. Son visage était devenu livide, ses membres étaient agités d'un tremblement qui ressemblait à de la terreur.

Sans rien comprendre à cette impression inexplicable, sir John donna sa parole.

— A la bonne heure, fit Roland ; tenez, c'est encore un des effets de cette charmante maladie, c'est que je suis prêt à me trouver mal à l'idée d'une trousse déroulée, à la vue d'un bistouri ou d'une lancette. J'ai dû devenir très pâle, n'est-ce pas ?

— J'ai cru un instant que vous alliez vous évanouir.

Roland éclata de rire.

— Ah ! la belle affaire que cela eût fait, dit-il, nos adversaires arrivant et vous trouvant occupé à me faire respirer des sels comme à une femme qui a des syncopes. Savez-vous ce qu'ils auraient dit, eux, et ce que vous auriez dit vous tout le premier ? Ils auraient dit que j'avais peur.

Les trois nouveaux venus, pendant ce temps, s'étaient avancés et se trouvaient à portée de la voix, de sorte que sir John n'eut pas même le temps de répondre à Roland.

Ils saluèrent en arrivant. Roland, le sourire sur les lèvres, ses belles dents à fleur de lèvres, répondit à leur salut.

Sir John s'approcha de son oreille.

— Vous êtes encore un peu pâle, dit-il ;

allez faire un tour jusqu'à la fontaine, j'irai vous chercher quand il sera temps.

— Ah! c'est une idée, cela, dit Roland; j'ai toujours eu envie de voir cette fameuse fontaine de Vaucluse, Hippocrène de Pétrarque. Vous connaissez son sonnet ?

> Chiare, fresche e dolci acque
> Ove le belle membra
> Pose colei, che sola a me perdona.

Et cette occasion-ci passée, je n'en retrouverais peut-être pas une pareille. De quel côté est-elle, votre fontaine ?

— Vous en êtes à trente pas ; suivez le

chemin, vous allez la trouver au détour de la route, au pied de cet énorme rocher dont vous voyez le faîte.

— Milord, dit Roland, vous êtes le meilleur cicerone que je connaisse, merci.

Et, faisant à son témoin un signe amical de la main, il s'éloigna dans la direction de la fontaine en chantonnant entre ses dents la charmante villanelle de du Bellay :

> Rosette, pour un peu d'absence,
> Votre cœur vous avez changé ;
> Et moi, voyant votre inconstance,
> Le mien d'autre part j'ai rangé.
> Jamais plus beauté si légère
> Sur mon cœur de pouvoir n'aura,
> Nous verrons, volage bergère,
> Qui de nous s'en repentira.

Sir John se retourna aux modulations de cette voix à la fois fraîche et tendre, et qui, dans les notes élevées, avait quelque chose de la voix d'une femme; son esprit méthodique et froid ne comprenait rien à cette nature saccadée et nerveuse, sinon qu'il avait sous les yeux une des plus étonnantes organisations que l'on pût rencontrer.

Les deux jeunes gens l'attendaient; le chirurgien se tenait un peu à part.

Sir John portait à la main sa boîte de pistolets, et la posa sur un rocher ayant la forme d'une table, tira de sa poche une petite clé qui semblait travaillée par un orfèvre et non par un serrurier, et ouvrit la boîte.

Les armes étaient magnifiques, quoique d'une grande simplicité; elles sortaient des ateliers de Menton, le grand-père de celui qui aujourd'hui est encore un des meilleurs arquebusiers de Londres. Il les donna à examiner au témoin de M. de Barjols, qui en fit jouer les ressorts et poussa la gâchette d'arrière en avant, pour voir s'ils étaient à double détente.

Ils étaient à détente simple.

M. de Barjols jeta dessus un coup d'œil, mais ne les toucha même pas.

— Notre adversaire ne connaît point vos armes? demanda M. de Valensolle.

— Il ne les a même pas vues, répondit

sir John, je vous en donne ma parole d'honneur.

— Oh! fit M. de Valensolle, une simple dénégation suffisait.

On régla une seconde fois, afin qu'il n'y eût point de malentendu, les conditions du combat déjà arrêtées; puis, ces conditions réglées, afin de perdre le moins de temps possible en préparatifs inutiles, on chargea les pistolets, on les remit tout chargés dans la boîte, on confia la boîte au chirurgien, et sir John, la clé de la boîte dans sa poche, alla chercher Roland.

Il le trouva causant avec un petit pâtre

qui faisait paître trois chèvres aux flancs roides et rocailleux de la montagne, et jetant des cailloux dans le bassin.

Sir John ouvrait la bouche pour dire à Roland que tout était prêt ; mais lui, sans donner à l'Anglais le temps de parler :

— Vous ne savez pas ce que me raconte cet enfant, milord? Une véritable légende des bords du Rhin. Il dit que ce bassin, dont on ne connaît pas le fond, s'étend à plus de deux ou trois lieues sous la montagne, et sert de demeure à une fée, moitié femme, moitié serpent, qui, dans les nuits calmes et pures de l'été, glisse à la surface de l'eau, appelant les pâtres de la montagne et ne leur montrant, bien entendu, que sa tête aux longs cheveux, ses épaules nues et ses beaux bras; mais les imbécilles se laissent prendre à ce semblant de femme : ils s'approchent, lui font signe de venir à eux, tandis que de son côté la fée leur fait signe de venir à elle. Les imprudents s'avancent sans s'en apercevoir, ne regardant pas à leurs pieds ; tout à coup la terre leur manque, la fée étend le bras, plonge avec eux dans ses palais humides, et le lendemain reparaît seule. Qui diable a pu faire à ces idiots de bergers le même conte que Virgile racontait en si beaux vers à Auguste et à Mécène?

Il demeura pensif un instant, et les yeux fixés sur cette eau azurée et profonde; puis se retournant vers sir John :

— On dit que jamais nageur, si vigoureux qu'il soit, n'a reparu après avoir plongé dans ce gouffre; si j'y plongeais, milord, ce serait peut-être plus sûr que la balle de M. de Barjols. Au fait, ce sera toujours une dernière ressource; en attendant, essayons de la balle. Allons, milord, allons.

Et prenant par-dessous le bras l'Anglais émerveillé de cette mobilité d'esprit, il le ramena vers ceux qui les attendaient.

Eux, pendant ce temps, s'étaient occupés de chercher un endroit convenable et l'avaient trouvé.

C'était un petit plateau, accroché en

quelque sorte à la rampe escarpée de la montagne, exposé au soleil couchant et servant, dans une espèce de château en ruine, d'asile aux pâtres surpris par le mistral.

Un espace plane, d'une cinquantaine de pas de long et d'une vingtaine de large, qui avait dû être autrefois la plate-forme du château, allait être le théâtre du drame qui approchait de son dénoûment.

— Nous voici, messieurs, dit sir John.

— Nous sommes prêts, messieurs, répondit M. de Valensolle.

— Que les adversaires veuillent bien

écouter les conditions du combat, dit sir John.

Puis s'adressant à M. de Valensolle :

— Redites-les, monsieur, ajouta-t-il, vous êtes Français et moi étranger, vous les expliquerez plus clairement que moi.

— Vous êtes de ces étrangers, milord, qui montreraient la langue à de pauvres Provençaux comme nous; mais puisque vous avez la courtoisie de me céder la parole, j'obéirai à votre invitation.

Et il salua sir John, qui lui rendit son salut.

— Messieurs, continua le gentilhomme

qui servait de témoin à M. de Barjols, il est convenu que l'on vous placera à quarante pas, que vous marcherez l'un vers l'autre ; que chacun tirera à sa volonté, et, blessé ou non, aura la liberté de marcher après le feu de son adversaire.

Les deux combattants s'inclinèrent en signe d'assentiment, et d'une même voix, presqu'en même temps, dirent :

— Les armes !

Sir John tira la petite clé de sa poche et ouvrit la boîte.

Puis il s'approcha de M. de Barjols et la lui présenta tout ouverte.

Celui-ci voulut renvoyer le choix des armes à son adversaire; mais, d'un signe de la main, Roland refusa en disant avec une voix d'une douceur presque féminine :

— Après vous, monsieur de Barjols; j'apprends que, quoique insulté par moi, vous avez renoncé à tous vos avantages; c'est bien le moins que je vous laisse celui-ci, si toutefois cela en est un.

M. de Barjols n'insista point davantage et prit au hasard un des deux pistolets.

Sir John alla offrir l'autre à Roland, qui le prit, l'arma, et, sans même en étudier le mécanisme, le laissa pendre au bout de son bras.

Pendant ce temps, M. de Valensolle mesurait les quarante pas; une canne avait été plantée au point de départ.

— Voulez-vous mesurer après moi, monsieur? demanda-t-il à sir John.

— Inutile, monsieur, répondit celui-ci, nous nous en rapportons, M. de Montrevel et moi, parfaitement à vous.

M. de Valensolle planta une seconde canne au quarantième pas.

— Messieurs, dit-il, quand vous voudrez.

L'adversaire de Roland était déjà à son poste, chapeau et habit bas.

Le chirurgien et les deux témoins se tenaient à l'écart.

L'endroit avait été si bien choisi, que nul ne pouvait avoir sur son ennemi désavantage de terrain ni de soleil.

Roland jeta près de lui son habit, son chapeau, et vint se placer à quarante pas de M. de Barjols, en face de lui.

Tous deux, l'un à droite, l'autre à gauche, envoyèrent un regard sur le même horizon.

L'aspect en était en harmonie avec la terrible solennité de la scène qui allait s'accomplir.

Rien à voir à la droite de Roland, ni à la gauche de M. de Barjols; c'était la montagne descendant vers eux avec la pente rapide et élevée d'un toit gigantesque.

Mais du côté opposé, c'est-à-dire à la droite de M. de Barjols et à la gauche de Roland, c'était tout autre chose.

L'horizon était infini.

Au premier plan, c'était cette plaine aux terrains rougeâtres, trouée de tous côtés par des pointes de roches, et pareille à un cimetière de Titans dont les os perceraient la terre.

Au second plan, se dessinant en vigueur sur le soleil couchant, c'était Avignon avec sa ceinture de murailles et son palais gigantesque qui, pareil à un lion accroupi, semble tenir la ville haletante sous sa griffe.

Au-delà d'Avignon, une ligne lumineuse comme une rivière d'or fondu dénonçait le Rhône.

Enfin, de l'autre côté du Rhône, se levait, comme une ligne d'azur foncé, la chaîne de collines qui séparent Avignon de Nîmes et d'Uzès.

Au fond, tout au fond, le soleil, que l'un de ces deux hommes regardait probablement pour la dernière fois, s'enfonçait lentement et majestueusement dans un océan d'or et de pourpre.

Au reste, ces deux hommes formaient un contraste étrange.

L'un, avec ses cheveux noirs, son teint basané, ses membres grêles, son œil sombre, était le type de cette race méridionale qui compte parmi ses ancêtres des Grecs, des Romains, des Arabes et des Espagnols.

L'autre, avec son teint rosé, ses cheveux blonds, ses grands yeux azurés, ses mains potelées comme celles d'une femme, était le type de cette race des pays tempérés, qui compte les Gaulois, les Germains et les Normands parmi ses aïeux.

Si l'on voulait grandir la situation, il

était facile d'en arriver à croire que c'était quelque chose de plus qu'un combat singulier entre deux hommes.

On pouvait croire que c'était le duel d'un peuple contre un autre peuple, d'une race contre une autre race, du Midi contre le Nord.

Étaient-ce les idées que nous venons d'exprimer qui occupaient l'esprit de Roland et qui le plongeaient dans une mélancolique rêverie?

Ce n'est point probable.

Le fait est qu'un moment il sembla oublier témoins, duel, adversaire; abîmé qu'il était dans la contemplation du splendide spectacle.

La voix de M. de Barjols le tira de ce poétique engourdissement.

— Quand vous serez prêt, monsieur, dit-il, je le suis.

Roland tressaillit.

— Pardon de vous avoir fait attendre, monsieur, dit-il; mais il ne fallait pas vous préoccuper de moi, je suis fort distrait; me voici, monsieur.

Et, le sourire aux lèvres, les cheveux soulevés par le vent du soir, sans s'effacer, comme il eût fait dans une promenade ordinaire, tandis qu'au contraire son adversaire prenait toutes les précautions usitées en pareil cas, Roland marcha droit sur M. de Barjols.

La physionomie de sir John, malgré son impassibilité ordinaire, trahissait une angoisse profonde.

La distance s'effaçait rapidement entre les deux adversaires.

M. de Barjols s'arrêta le premier, visa et fit feu au moment où Roland n'était plus qu'à dix pas de lui.

La balle de son pistolet enleva une boucle des cheveux de Roland, mais ne l'atteignit pas.

Le jeune homme se retourna vers son témoin.

— Eh bien! demanda-t-il, que vous avais-je dit?

— Tirez, monsieur, tirez donc! dirent les témoins.

M. de Barjols resta muet et immobile à la place où il avait fait feu.

— Pardon, messieurs, répondit Roland; mais vous me permettrez, je l'espère, d'être juge du moment et de la façon dont je dois riposter. Après avoir essuyé le feu de M. de Barjols, j'ai à lui dire quelques paroles que je ne pouvais lui dire auparavant

Puis, se retournant vers le jeune aristocrate, pâle, mais calme :

— Monsieur, lui dit-il, peut-être ai-je été un peu vif dans notre discussion de ce matin.

Et il attendit.

— C'est à vous de tirer, monsieur, répondit M. de Barjols.

Mais, continua Roland, comme s'il n'avait pas entendu, vous allez comprendre la cause de cette vivacité et l'excuser peut-être. Je suis militaire et aide-de-camp du général Bonaparte.

— Tirez, monsieur, répéta le jeune noble.

— Dites une simple parole de rétractation, monsieur, reprit le jeune officier; dites que la réputation d'honneur et de délicatesse du général Bonaparte est telle, qu'un mauvais proverbe italien, fait par des vaincus de mauvaise humeur, ne peut lui porter atteinte; dites cela, et je jette cette arme loin de moi, et je vais vous serrer la main; car, je le reconnais, monsieur, vous êtes un brave.

— Je ne rendrai hommage à cette réputation d'honneur et de délicatesse dont vous parlez, monsieur, que lorsque votre général en chef se servira de l'influence que lui a donnée son génie sur les affaires de la France, pour faire ce qu'a fait Monck, c'est-à-dire pour rendre le trône à son roi légitime.

— Ah! fit Roland avec un sourire, c'est trop demander d'un général républicain.

— Alors je maintiens ce que j'ai dit, répondit le jeune noble; tirez, monsieur, tirez.

Puis, comme Roland ne se hâtait pas d'obéir à l'injonction :

— Mais, ciel et terre! tirez donc! dit-il en frappant du pied.

Roland, à ces mots, fit un mouvement indiquant qu'il allait tirer en l'air.

Alors, avec une vivacité de parole et de geste qui ne lui permit pas de l'accomplir :

— Ah! s'écria M. de Barjols, ne tirez point en l'air, par grâce! ou j'exige que l'on recommence et que vous fassiez feu le premier.

— Sur mon honneur! s'écria Roland devenant aussi pâle que si tout son sang l'abandonnait, voici la première fois que j'en fais autant pour un homme, quel qu'il soit. Allez-vous-en au diable! et puisque vous ne voulez pas de la vie, prenez la mort.

Et à l'instant même, sans prendre la peine de viser, il abaissa son arme et fit feu.

Alfred de Barjols porta la main à sa poitrine, oscilla en avant et en arrière, fit un tour sur lui-même et tomba la face contre terre.

La balle de Roland lui avait traversé le cœur.

Sir John, en voyant tomber M. de Barjols, alla droit à Roland et l'entraîna vers l'endroit où il avait jeté son habit et son chapeau.

— C'est le troisième, murmura Roland avec un soupir; mais au moins vous m'êtes témoin que celui-là l'a voulu.

Et, rendant son pistolet tout fumant à sir John, il revêtit son habit et son chapeau.

Pendant ce temps, M. de Valensolle ramassait le pistolet échappé à la main de son ami et le rapportait avec la boîte à sir John.

— Eh bien? demanda l'Anglais en désignant des yeux Alfred de Barjols.

— Il est mort, répondit le témoin.

— Ai-je fait en homme d'honneur, monsieur? demanda Roland en essuyant avec son mouchoir la sueur qui, à l'annonce de la mort de son adversaire, lui avait subitement inondé le visage.

— Oui, monsieur, répondit de Valensolle ; seulement laissez-moi vous dire ceci : vous avez la main malheureuse.

Et, saluant Roland et son témoin avec une exquise politesse, il retourna près du cadavre de son ami.

— Et vous, milord, reprit Roland, que dites-vous ?

— Je dis, répliqua sir John avec une espèce d'admiration forcée, que vous êtes de ces hommes à qui le divin Shakespeare fait dire d'eux-mêmes :

« Le danger et moi sommes deux lions nés le même jour, mais je suis l'aîné. »

V

Roland

Le retour fut muet et triste; on eût dit qu'en voyant s'évanouir ses chances de mort, Roland avait perdu toute sa gaîté.

La catastrophe dont Roland venait d'être l'auteur pouvait bien être pour quelque chose dans cette taciturnité; mais, hâtons-nous de le dire, Roland, sur le champ de bataille, et surtout dans sa dernière campagne contre les Arabes, avait eu trop souvent à enlever son cheval par-dessus les cadavres qu'il venait de faire, pour que l'impression produite sur lui par la mort d'un inconnu l'eût si fort impressionné.

Il y avait donc une autre raison à cette tristesse; il fallait donc que ce fût bien réellement celle que le jeune homme avait confiée à sir John. Ce n'était donc pas le regret de la mort d'autrui, c'était le désappointement de sa propre mort.

En rentrant à l'hôtel du Palais-Royal, sir John monta dans sa chambre pour y déposer ses pistolets dont la vue pouvait exciter dans l'esprit de Roland quelque chose de pareil à un remords; puis il vint rejoindre le jeune officier pour lui remettre les trois lettres qu'il en avait reçues.

Il le trouva accoudé et pensif sur sa table.

Sans prononcer une parole, l'Anglais déposa les trois lettres devant Roland.

Le jeune homme jeta les yeux sur les adresses, prit celle qui était destinée à sa mère, la décacheta et la lut.

A mesure qu'il la lisait, de grosses larmes coulaient sur ses joues.

Sir John regardait avec étonnement cette nouvelle face sous laquelle Roland lui apparaissait.

Il eût cru tout possible à cette nature multiple, excepté de verser des larmes qui coulaient silencieusement de ses yeux.

Puis secouant la tête et sans faire le moins du monde attention à la présence de sir John, Roland murmura :

— Pauvre mère! elle eût bien pleuré; peut-être vaut-il mieux que cela soit ainsi : des mères ne sont pas faites pour pleurer leurs enfants!

Et, d'un mouvement machinal, il déchira la lettre écrite à sa mère, celle écrite à sa sœur, et celle écrite au général Bonaparte.

Après quoi, il en brûla avec soin tous les morceaux.

Alors, sonnant la fille de chambre :

— Jusqu'à quelle heure peut-on mettre les lettres à la poste? demanda-t-il.

— Jusqu'à six heures et demie, répondit celle-ci ; vous n'avez plus que quelques minutes.

— Attendez, alors.

Il prit une plume et écrivit :

« Mon cher général,

» Je vous l'avais bien dit, je suis vivant et lui mort. Vous conviendrez que cela a l'air d'une gageure.

» Dévoûment jusqu'à la mort.

» Votre paladin,

» ROLAND. »

Puis il cacheta la lettre, écrivit sur l'adresse : *Au général Bonaparte, rue de la Victoire, à Paris*, et la remit à la fille de chambre, en lui recommandant de ne pas perdre une seconde pour la faire mettre à la poste.

Ce fut alors seulement qu'il parut remarquer sir John et qu'il lui tendit la main.

— Vous venez de me rendre un grand service, milord, lui dit-il, un de ces services qui lient deux hommes pour l'éternité. Je suis déjà votre ami, voulez-vous me faire l'honneur d'être le mien?

Sir John serra la main que lui présenta Roland.

— Oh! dit-il, je vous remercie bien beaucoup, je n'eusse point osé vous demander cet honneur; mais vous me l'offrez, je l'accepte.

Et à son tour, l'impassible Anglais sentit s'amollir son cœur et secoua une larme qui tremblait au bout de ses cils.

Puis regardant Roland :

— Il est très malheureux, dit-il, que vous soyez si pressé de partir; j'eusse été heureux et satisfait de passer encore un jour ou deux avec vous.

— Où alliez-vous, milord, quand je vous ai rencontré ?

— Oh ! moi, nulle part, je voyageais pour désennuyer moi ! J'ai le malheur de m'ennuyer souvent.

— De sorte que vous n'alliez nulle part ?

— J'allais partout.

— C'est exactement la même chose, dit le jeune officier en souriant. Eh bien! voulez-vous faire une chose?

— Oh! très volontiers, si c'est possible.

— Parfaitement possible, elle ne dépend que de vous.

— Dites.

— Vous deviez, si j'étais tué, me reconduire mort à ma mère, ou me jeter dans le Rhône?

— Je vous eusse reconduit mort à votre mère et pas jeté dans le Rhône.

— Eh bien! au lieu de me reconduire mort, reconduisez-moi vivant, vous n'en serez que mieux reçu.

— Oh!

— Nous resterons quinze jours à Bourg, c'est ma ville natale, une des villes les plus ennuyeuses de France; mais, comme vos compatriotes brillent surtout par l'originalité, peut-être vous amuserez-vous où les autres s'ennuient. Est-ce dit?

— Je ne demanderais pas mieux, fit l'Anglais, mais il me semble que c'est peu convenable de ma part.

— Oh! nous ne sommes pas en Angleterre, milord, où l'étiquette est une souveraine absolue. Nous, nous n'avons plus ni roi ni reine, et nous n'avons pas coupé le cou à cette pauvre créature que l'on appelait Marie-Antoinette pour mettre Sa Majesté l'étiquette à sa place.

— J'en ai bien envie, dit sir John.

— Vous le verrez, ma mère est une excellente femme, d'ailleurs fort distinguée. Ma sœur avait seize ans quand je suis parti, elle doit en avoir dix-huit ; elle était jolie, elle doit être belle. Il n'y a pas jusqu'à mon frère Édouard, un charmant gamin de douze ans qui vous fera partir des fusées dans les jambes et qui baragouinera l'anglais avec vous ; puis, ces quinze jours passés, nous irons à Paris ensemble.

— J'en viens de Paris, fit l'Anglais.

— Attendez donc, vous vouliez aller en Égypte pour voir le général Bonaparte; il n'y a pas si loin d'ici à Paris que d'ici au Caire, je vous présenterai à lui ; présenté par moi, soyez tranquille, vous serez bien reçu. Puis vous parliez de Shakespeare tout à l'heure?

— Oh! oui, j'en parle toujours.

— Cela prouve que vous aimez les comédies, les drames.

— Je les aime beaucoup, c'est vrai.

— Eh bien! le général Bonaparte est sur le point d'en faire représenter un à sa façon, qui ne manquera pas d'intérêt, je vous en réponds.

Ainsi, dit sir John hésitant encore, je puis, sans être indiscret, accepter votre offre?

— Je crois bien, et vous ferez plaisir à tout le monde, à moi surtout.

— J'accepte alors.

— Bravo! Eh bien, quand voulez-vous partir?

— Quand vous voudrez partir! Ma calèche était attelée quand vous avez jeté cette malheureuse assiette à la tête de Barjols; mais comme sans cette assiette je ne vous eusse jamais connu, je suis content que vous la lui ayez jetée; oui, très content.

— Voulez-vous que nous partions ce soir?

— A l'instant. Je vais dire au postillon de renvoyer un de ses camarades avec d'autres chevaux, et, le postillon et les chevaux arrivés, nous partons.

Roland fit un signe d'assentiment.

Sir John sortit pour donner ses ordres, remonta en disant qu'il venait de faire servir deux côtelettes et une volaille froide.

Roland prit la valise et descendit.

L'Anglais réintégra ses pistolets dans le coffre de sa voiture.

Tous deux mangèrent un morceau pour pouvoir marcher toute la nuit sans s'arrêter, et comme neuf heures sonnaient à l'église des Cordeliers, tous deux s'accommodèrent dans la voiture et quittèrent Avignon, où leur passage laissait une nouvelle tache de sang, Roland avec l'insouciance de son caractère, sir Jony Tanlay avec l'impassibilité de sa nation.

Un quart d'heure après tous deux dormaient, ou du moins le silence que chacun gardait de son côté pouvait faire croire qu'ils avaient cédé au sommeil.

Nous profiterons de cet instant de repos pour donner à nos lecteurs quelques renseignements indispensables sur Roland et sa famille.

Roland était né le 1er juillet 1773, quatre ans et quelques jours après Bonaparte, aux côtés duquel, ou plutôt à la suite duquel il a fait son apparition dans ce livre.

Il était fils de M. Charles de Montrevel, colonel d'un régiment longtemps en garnison à la Martinique, où il s'était marié à une créole nommée Clotilde de La Clémencière.

Trois enfants étaient nés de ce mariage, deux garçons et une fille : Louis, avec qui nous avons fait connaissance sous le nom de Roland ; Amélie, dont celui-ci avait vanté la beauté à sir John, et Édouard.

Rappelé en France vers 1782, M. de

Montrevel avait obtenu l'admission du jeune Louis de Montrevel — nous verrons plus tard comment il troqua son nom de Louis contre celui de Roland — à l'École militaire de Paris.

Ce fut là que Bonaparte connut l'enfant, lorsque, sous le nom de M. de Keralio, il fut jugé digne de passer de l'école de Brienne à l'École militaire.

Louis était le plus jeune des élèves.

Quoiqu'il n'eût que treize ans, il se faisait déjà remarquer par ce caractère indomptable et querelleur dont nous lui avons vu, dix-sept ans plus tard, donner un exemple à la table d'hôte d'Avignon.

Bonaparte avait, lui, tout enfant aussi, le bon côté de ce caractère, c'est-à-dire que, sans être querelleur, il était absolu, entêté, indomptable; il reconnut dans l'enfant quelques-unes des qualités qu'il avait lui-même, et cette parité de sentiment fit qu'il lui pardonna ses défauts et s'attacha à lui.

De son côté l'enfant, sentant dans le jeune Corse un soutien, s'y appuya.

Un jour l'enfant vint trouver son grand ami — c'est ainsi qu'il appelait Napoléon — au moment où celui-ci était profondément enseveli dans la solution d'un problème de mathématiques.

Il savait l'importance que le futur officier d'artillerie attachait à cette science qui lui avait valu jusque-là ses plus grands ou plutôt ses seuls succès.

Il se tint debout près de lui sans parler, sans bouger.

Le jeune mathématicien devina la présence de l'enfant et s'enfonça de plus en plus dans ses déductions mathématiques, dont au bout de dix minutes il sortit enfin à son honneur.

Alors, ils se retourna vers son jeune camarade avec la satisfaction intérieure de l'homme qui sort vainqueur d'une lutte quelconque, soit contre la science, soit contre la matière.

L'enfant était debout, pâle, les dents serrées, les bras roides, les poings fermés.

— Oh! oh! dit le jeune Bonaparte, qu'y a-t-il de nouveau?

— Il y a que Valence, le neveu du gouverneur, m'a donné un soufflet.

— Ah! dit Bonaparte en riant, et tu viens me chercher pour que je le lui rende?

L'enfant secoua la tête.

— Non, dit-il, je viens te chercher parce que je veux me battre.

— Avec Valence?

— Oui.

— Mais c'est Valence qui te battra, mon enfant; il est quatre fois fort comme toi!

— Aussi, je ne veux pas me battre contre lui, comme se battent les enfants, mais comme se battent les hommes.

— Oh! bah!

— Cela t'étonne? demanda l'enfant.

— Non, dit Bonaparte.

— Et à quoi veux-tu te battre?

— A l'épée.

— Mais les sergents seuls ont des épées, et ils ne vous en prêteront pas.

— Nous nous passerons d'épées.

— Et avec quoi vous battrez-vous?

L'enfant montra au jeune mathématicien le compas avec lequel il venait de faire ses équations.

— Oh! mon enfant, dit Bonaparte, c'est une bien mauvaise blessure que celle d'un compas.

— Tant mieux, répliqua Louis, je le tuerai.

— Et s'il te tue, toi ?

— J'aime mieux cela que de garder son soufflet.

Bonaparte n'insista pas davantage : il aimait le courage par instinct, celui de son jeune camarade lui plut.

— Eh bien, soit ! dit-il, j'irai dire à Valence que tu veux te battre avec lui, mais demain.

— Pourquoi demain ?

— Tu auras la nuit pour réfléchir.

— Et d'ici à demain, répliqua l'enfant, Valence croira que je suis un lâche ! Puis secouant la tête : C'est trop long d'ici à demain. Et il s'éloigna.

— Où vas-tu? lui demanda Bonaparte.

— Je vais demander à un autre s'il veut être mon ami.

— Je ne le suis donc plus, moi?

— Tu ne l'es plus, puisque tu me crois un lâche.

— C'est bien, dit le jeune homme en se levant.

— Tu y vas ?

— J'y vais.

— Tout de suite ?

— Tout de suite.

— Ah ! s'écria l'enfant, je te demande pardon, tu es toujours mon ami.

Et il lui sauta au cou en pleurant.

C'étaient les premières larmes qu'il avait versées depuis le soufflet reçu.

Bonaparte alla trouver Valence et lui expliqua gravement la mission dont il était chargé.

Valence était un grand garçon de dix-sept ans, ayant déjà, comme chez certaines natures hâtives, de la barbe et des moustaches : il en paraissait vingt.

Il avait, en outre, la tête de plus que celui qu'il avait insulté.

Valence répondit que Louis était venu lui tirer la queue de la même façon qu'il eût tiré un cordon de sonnette — on portait des queues à cette époque — qu'il l'avait prévenu deux fois de ne pas y revenir, que Louis y était revenu une troisième, et qu'alors ne voyant en lui qu'un gamin, il l'avait traité comme un gamin.

On alla porter la réponse de Valence à Louis, qui répliqua que tirer la queue d'un camarade n'était qu'une taquinerie, tandis que donner un soufflet était une insulte.

L'entêtement donnait à un enfant de

treize ans la logique d'un homme de trente.

Le moderne Popillius retourna porter la guerre à Valence.

Le jeune homme était fort embarrassé : il ne pouvait, sous peine de ridicule, se battre avec un enfant; s'il se battait et qu'il le blessât, c'était odieux; s'il était blessé lui-même, c'était à ne jamais s'en consoler de sa vie.

Cependant l'entêtement de Louis, qui n'en démordait pas, rendait l'affaire grave.

On assembla le conseil *des grands*,

comme cela se faisait dans les circonstances sérieuses.

Le conseil des grands décida qu'un des leurs ne pouvait pas se battre avec un enfant; mais que, puisque cet enfant s'obstinait à se regarder comme un jeune homme, Valence lui dirait devant tous ses compagnons qu'il était fâché de s'être laissé emporter à le traiter comme un enfant, et que désormais il le regarderait comme un jeune homme.

On envoya chercher Louis, qui attendait dans la chambre de son ami; on l'introduisit au milieu du cercle que faisaient dans la cour les jeunes élèves.

Là, Valence, à qui ses camarades

avaient dicté une sorte de discours longtemps débattu entre eux pour sauvegarder l'honneur des grands à l'endroit des petits déclara à Louis qu'il était au désespoir de ce qui était arrivé, qu'il l'avait traité selon son âge, et non selon son intelligence et son courage, le priant de vouloir bien excuser sa vivacité et de lui donner la main en signe que tout était oublié.

Mais Louis secoua la tête.

— J'ai entendu dire un jour à mon père, qui est colonel, répliqua-t-il, que celui qui recevait un soufflet et qui ne se battait pas était un lâche. La première fois que je verrai mon père, je lui demanderai si celui qui donne le soufflet et qui fait des excuses pour ne pas se battre n'est pas plus lâche que celui qui l'a reçu.

Les jeunes gens se regardèrent ; mais l'avis général avait été contre un duel qui eût ressemblé à un assassinat, et les jeunes gens à l'unanimité, Bonaparte compris, affirmèrent à l'enfant qu'il devait se contenter de ce qu'avait dit Valence, ce que Valence avait dit étant le résumé de l'opinion générale.

Louis se retira pâle de colère, et boudant son grand ami, qui, disait-il avec un imperturbable sérieux, avait abandonné les intérêts de son honneur.

Le lendemain, à la leçon de mathématiques des grands, Louis se glissa dans la salle d'étude, et tandis que Valence faisait une démonstration sur la table noire, il s'approcha de lui sans que personne le remarquât, monta sur un tabouret, afin de parvenir à la hauteur de son visage, et lui rendit le soufflet qu'il en avait reçu la veille.

— Là, dit-il, maintenant nous sommes quittes et j'ai tes excuses de plus, car moi je ne t'en ferai pas, tu peux bien être tranquille.

Le scandale fut grand, le fait s'était passé en présence du professeur, qui fut obligé de faire son rapport au gouverneur de l'école, le marquis Timburce Valence.

Celui-ci, qui ne connaissait pas les antécédents du soufflet reçu par son neveu, fit venir le délinquant devant lui, et après une effroyable semonce, lui annonça qu'il ne faisait plus partie de l'école, et qu'il devait le même jour se tenir prêt à retourner à Bourg, près de sa mère.

Louis répondit que dans dix minutes son paquet serait fait, et que dans un quart d'heure il serait hors de l'école.

Du soufflet qu'il avait reçu lui-même il ne dit point un mot.

La réponse parut plus qu'irrévérencieuse au marquis Timburce Valence; il avait bonne envie d'envoyer l'insolent pour huit jours au cachot, mais il ne pouvait à la fois, l'envoyer au cachot et le mettre à la porte.

On donna à l'enfant un surveillant qui ne devait plus le quitter qu'après l'avoir mis dans la voiture de Mâcon. Madame de Montrevel serait prévenue d'aller recevoir son fils à la descente de la voiture.

Bonaparte rencontra le jeune homme suivi de son surveillant, et lui demanda une explication sur cette espèce de garde de la connétablie attaché à sa personne.

— Je vous raconterais cela si vous étiez encore mon ami, répondit l'enfant ; mais vous ne l'êtes plus, pourquoi vous inquiétez-vous de ce qui m'arrive de bon ou de mauvais ?

Bonaparte fit un signe au surveillant, qui, tandis que Louis faisait sa petite malle, vint lui parler à la porte.

Il apprit alors que l'enfant était chassé de l'école.

La mesure était grave : elle désespérait toute une famille et brisait peut-être l'avenir de son jeune camarade.

Avec cette rapidité de décision qui était un des signes caractéristiques de son organisation, il prit le parti de faire demander une audience au gouverneur, tout en recommandant au surveillant de ne pas presser le départ de Louis.

Bonaparte était un excellent élève, fort aimé à l'école, fort estimé du marquis Timburce Valence ; sa demande lui fut donc accordée à l'instant même.

Introduit près du gouverneur, il lui raconta tout, et, sans charger le moins du monde Valence, il tâcha d'innocenter Louis.

— C'est vrai ce que vous me racontez là, monsieur ? demanda le gouverneur.

— Interrogez votre neveu lui-même, je m'en rapporterai à ce qu'il vous dira.

On envoya chercher Valence. Il avait appris l'expulsion de Louis et venait lui-même raconter à son oncle ce qui s'était passé.

Son récit fut entièrement conforme à à celui du jeune Bonaparte.

— C'est bien, dit le gouverneur, Louis ne partira pas, c'est vous qui partirez ; vous êtes en âge de sortir de l'école.

Puis sonnant :

— Que l'on me donne le tableau des sous-lieutenances vacantes, dit-il au planton.

Le même jour une sous-lieutenance

était demandée d'urgence au ministre pour le jeune Valence.

Le même soir, Valence partait pour rejoindre son régiment.

Il alla dire adieu à Louis, qu'il embrassa moitié de gré, moitié de force, tandis que Bonaparte lui tenait les mains.

L'enfant ne reçut l'accolade qu'à contrecœur.

— C'est bien pour maintenant, dit-il; mais si nous nous rencontrons jamais et que nous ayons tous deux l'épée au côté...

Un geste de menace acheva sa phrase.

Valence partit.

Le 10 octobre 1785, Bonaparte recevait lui-même son brevet de sous-lieutenant : il faisait partie des cinquante-huit brevets que Louis XVI venait de signer pour l'École militaire.

Onze ans plus tard, le 15 novembre 1799, Bonaparte, général en chef de l'armée d'Italie, à la tête du pont d'Arcole que défendaient deux régiments de Croates et deux pièces de canon, voyant la mitraille et la fusillade décimer ses rangs, sentant la victoire plier entre ses mains, s'effrayant de l'hésitation des plus braves, arrachait aux doigts crispés d'un mort un drapeau tricolore et s'élançait sur le pont, en s'écriant : « Soldats! n'êtes-vous plus les hommes de Lodi? » lorsqu'il s'aperçut qu'il était dépassé par un jeune lieutenant qui le couvrait de son corps.

Ce n'était point ce que voulait Bonaparte ; il voulait passer le premier ; il eût voulu, si la chose eût été possible, passer seul.

Il saisit le jeune homme par le pan de son habit, et, le tirant en arrière :

— Citoyen, dit-il, tu n'es que lieutenant, je suis général en chef ; à moi le pas.

— C'est trop juste, répondit celui-ci.

Et il suivit Bonaparte, au lieu de le précéder.

Le soir, en apprenant que deux divisions autrichiennes avaient été complètement détruites, en voyant les deux mille prisonniers qu'il avait faits, en comptant les canons et les drapeaux enlevés, Bonaparte se souvient de ce jeune lieutenant qu'il avait trouvé devant lui au moment où il croyait n'avoir devant lui que la mort.

— Berthier, dit-il, donne l'ordre à mon aide-de-camp Valence de me chercher un jeune lieutenant de grenadiers, avec lequel j'ai eu une affaire ce matin sur le pont d'Arcole.

— Général, répondit Berthier en balbutiant, Valence est blessé.

— En effet, je ne l'ai pas vu aujourd'hui. Blessé, où? comment? sur le champ de bataille?

— Non, général; il a pris hier une querelle et a reçu un coup d'épée à travers la poitrine.

Bonaparte fronça le sourcil.

— On sait cependant autour de moi que je n'aime pas les duels; le sang d'un soldat n'est pas à lui, il est à la France. Donne l'ordre à Muiron, alors.

— Il est tué, général.

— A Elliot, en ce cas.

— Tué aussi.

Bonaparte tira un mouchoir de sa poche et le passa sur son front inondé de sueur.

— A qui vous voudrez alors ; mais je veux le voir.

Il n'osait plus nommer personne, de peur d'entendre encore retentir cette fatale parole :

« Il est tué. »

Un quart d'heure après, le jeune lieutenant était introduit sous sa tente.

La lampe ne jetait qu'une faible lueur.

— Approchez, lieutenant, dit Bonaparte.

Le jeune homme fit trois pas et entra dans le cercle de lumière.

— C'est donc vous, continua Bonaparte, qui vouliez ce matin passer avant moi?

— C'était un pari que j'avais fait, général, répondit gaîment le jeune lieutenant, dont la voix fit tressaillir le général en chef.

— Et je vous l'ai fait perdre?

— Peut-être oui, peut-être non.

— Et quel était ce pari?

— Que je serais nommé aujourd'hui capitaine.

— Vous avez gagné.

— Merci, général.

Et le jeune homme s'élança comme pour serrer la main de Bonaparte; mais presque aussitôt il fit un mouvement en arrière.

La lumière avait éclairé son visage pendant une seconde; cette seconde avait suffi au général en chef pour remarquer le visage comme il avait remarqué la voix.

Ni l'un ni l'autre ne lui étaient inconnus.

Il chercha un instant dans sa mémoire ; mais trouvant sa mémoire rebelle :

— Je vous connais, dit-il.

— C'est possible, général.

— C'est certain même ; seulement je ne puis me rappeler votre nom.

— Vous vous êtes arrangé de manière, général, à ce qu'on n'oublie pas le vôtre.

— Qui êtes-vous ?

— Demandez à Valence, général.

Bonaparte poussa un cri de joie.

— Louis de Montrevel, dit-il.

Et il ouvrit ses deux bras.

Cette fois le jeune lieutenant ne fit point difficulté de s'y jeter.

— C'est bien, dit Bonaparte, tu feras huit jours le service de ton nouveau grade, afin qu'on s'habitue à te voir sur le dos les épaulettes de capitaine, et puis tu remplaceras mon pauvre Muiron comme aide-de-camp. Va.

— Encore une fois, dit le jeune homme en faisant le geste d'un homme qui ouvre les bras.

— Ah! ma foi! oui, dit Bonaparte avec joie.

Et le retenant contre lui après l'avoir embrassé une seconde fois :

— Ah ça ! c'est donc toi qui as donné un coup d'épée à Valence ? lui demanda-t-il.

— Dame ! général, répondit le nouveau capitaine et le futur aide-de-camp, vous étiez là quand je le lui ai promis ; un soldat n'a que sa parole.

Huit jours après, le capitaine Montrevel faisait le service d'officier d'ordonnance près du général en chef, qui avait remplacé son prénom de *Louis*, malsonnant à cette époque, par le pseudonyme de *Roland*.

Et le jeune homme s'était consolé de ne

plus descendre de saint Louis, en devenant le neveu de Charlemagne.

Roland — nul ne se serait avisé d'appeler désormais le capitaine Montrevel Louis, du moment où Bonaparte l'avait baptisé Roland — Roland fit avec le général en chef la campagne d'Italie, et revint avec lui à Paris, après la paix de Campo-Formio.

Lorsque l'expédition d'Égypte fut décidée, Roland, que la mort du général de brigade de Montrevel, tué sur le Rhin, tandis que son fils combattait sur l'Adige et le Mincio, avait rappelé près de sa mère, Roland fut désigné un des premiers par le général en chef. pour prendre rang dans l'inutile, mais poétique croisade qu'il entreprenait.

Il laissa sa mère, sa sœur Amélie et son jeune frère Édouard à Bourg, ville natale du général de Montrevel; ils habitaient, à trois quarts de lieue de la ville, c'est-à-dire aux Noires-Fontaines, une charmante maison à laquelle on donnait le nom de château, et qui, avec une ferme et quelques centaines d'arpents de terre situés aux environs, formait toute la fortune du général, six ou huit mille livres de rente à peu près.

Ce fut une grande douleur au cœur de la pauvre veuve que le départ de Roland pour cette aventureuse expédition; la mort du père semblait présager celle du fils, et madame de Montrevel, douce et tendre créole, était loin d'avoir les âpres vertus d'une mère de Sparte ou de Lacédémone.

Bonaparte, qui aimait de tout son cœur son ancien camarade de l'École-Militaire, avait permis à celui-ci de le rejoindre au dernier moment à Toulon; mais la peur d'arriver trop tard empêcha Roland de profiter de la permission dans toute son étendue. Il quitta sa mère en lui promettant une chose qu'il n'avait garde de tenir : c'était de ne s'exposer que dans les cas d'une absolue nécessité, et arriva à Marseille huit jours avant que la flotte ne mît à la voile.

Notre intention n'est pas plus de faire

une relation de la campagne d'Égypte que nous n'en avons fait une de la campagne d'Italie. Nous n'en dirons que ce qui sera absolument nécessaire à l'intelligence de cette histoire et au développement du caractère de Roland.

Le 19 mai, Bonaparte et tout son état-major mettaient à la voile sur l'Orient; le 15 juin, les chevaliers de Malte lui rendaient les clés de la citadelle. Le 2 juillet, l'armée débarquait au Marabout; le même jour, elle prenait Alexandrie; le 25, Bonaparte entrait au Caire, après avoir battu les mameluks à Chebr'eïsse et aux Pyramides.

Pendant cette suite de marches et de

combats, Roland avait été l'officier que nous connaissons, gai, courageux, spirituel, bravant la chaleur dévorante des jours, la rosée glaciale des nuits, se jetant en héros ou en fou au milieu des sabres turcs ou des balles bédouines.

En outre, pendant les quarante jours de traversée, il n'avait point quitté l'interprète Ventura; de sorte qu'avec sa facilité admirable, il était arrivé, non point à parler couramment l'arabe, mais à se faire entendre dans cette langue.

Aussi arrivait-il souvent que quand le général en chef ne voulait point avoir recours à l'interprète juré, c'était Roland qu'il chargeait de faire certaine commucation aux muftis, aux ulémas et aux cheiks.

Pendant la nuit du 20 au 21 octobre, le Caire se révolta ; à cinq heures du matin, on apprit la mort du général Dupuy, tué d'un coup de lance ; à huit heures du matin, au moment où l'on croyait être maître de l'insurrection, un aide-de-camp du général mort accourut annonçant que les Bédouins de la campagne menaçaient la porte de Rab-el-Nassar ou de la Victoire.

Bonaparte déjeûnait avec son aide-de-camp Sulkowsky, gravement blessé à Salehyéh, qui se levait à grand'peine de son lit de douleur.

Bonaparte, dans sa préoccupation, oublia l'état dans lequel était le jeune Polonais.

— Sulkowsky, dit-il, prenez quinze guides, et allez voir ce que nous veut cette canaille.

Sulkowsky se leva.

— Général, dit Roland, chargez-moi de la commission ; vous voyez bien que mon camarade peut à peine se tenir debout.

— C'est juste, dit Bonaparte, va.

Roland sortit, prit quinze guides et partit.

Mais l'ordre avait été donné à Sulkowsky, et Sulkowsky tenait à l'exécuter.

Il partit de son côté avec cinq ou six hommes qu'il trouva prêts.

Soit hasard, soit qu'il connût mieux que Roland les rues du Caire, il arriva quelques secondes avant lui à la porte de la Victoire.

En arrivant à son tour, Roland vit un officier que les Arabes emmenaient, ses cinq ou six hommes étaient déjà tués.

Quelquefois les Arabes, qui massacraient impitoyablement les soldats, épargnaient les officiers dans l'espoir d'une rançon.

Roland reconnut Sulkowsky; il le montra de la pointe de son sabre à ses quinze hommes, et chargea au galop.

Une demi-heure après, un guide rentrait seul au quartier-général, annonçant la mort de Sulkowsky, de Roland et de ses vingt-et-un compagnons.

Bonaparte, nous l'avons dit, aimait Roland comme un frère, comme un fils, comme il aimait Eugène; il voulut connaître la catastrophe dans tous ses détails et interrogea le guide.

Le guide avait vu un Arabe trancher la tête de Sulkowsky et attacher sa tête à l'arçon de sa selle.

Quant à Roland, son cheval avait été

tué. Pour lui, il s'était dégagé des étriers et avait combattu un instant à pied, mais bientôt il avait disparu dans une fusillade presqu'à bout portant.

Bonaparte poussa un soupir, versa une larme, murmura : « Encore un! » et sembla n'y plus penser.

Seulement il s'informa à quelle tribu appartenaient les Arabes bédouins qui venaient de lui tuer deux des hommes qu'il aimait le mieux.

Il apprit que c'était une tribu d'Arabes insoumis dont le village était distant de dix lieues à peu près.

Bonaparte leur laissa un mois, afin

qu'ils crussent bien à leur impunité; puis, un mois écoulé, il ordonna à un de ses aides-de-camp, nommé Croisier, de cerner le village, de détruire les huttes, de faire couper la tête aux hommes, de mettre les têtes dans des sacs et d'amener le reste de la population, c'est-à-dire les femmes et les enfants, au Caire.

Croisier exécuta ponctuellement l'ordre; on amena au Caire toute la population de femmes et d'enfants que l'on put prendre, et parmi cette population, un Arabe vivant, lié et garrotté sur son cheval.

— Pourquoi cet homme vivant? demanda Bonaparte; j'avais dit de trancher la tête à tout ce qui était en état de porter les armes.

— Général, dit Croisier qui, lui aussi, baragouinait quelques mots d'arabe, au moment où j'allais faire couper la tête de cet homme, j'ai cru comprendre qu'il offrait d'échanger sa vie contre celle d'un prisonnier. J'ai pensé que nous aurions toujours le temps de lui couper la tête, et je l'ai amené. Si je me suis trompé, la cérémonie aura lieu ici au lieu d'avoir eu lieu là-bas ; ce qui est différé n'est pas perdu.

On fit venir l'interprète Ventura et l'on interrogea le Bédouin.

Le Bédouin répondit qu'il avait sauvé la

vie à un officier français, gravement blessé à la porte de la Victoire; que cet officier qui parlait un peu l'arabe s'était dit aide-de-camp du général Bonaparte; qu'il l'avait envoyé à son frère qui exerçait la profession de médecin dans la tribu voisine; que l'officier était prisonnier dans cette tribu, et que si on voulait lui promettre la vie, il écrirait à son frère de renvoyer le prisonnier.

C'était peut-être une fable pour gagner du temps, mais c'était peut-être aussi la vérité; on ne risquait rien d'attendre.

On plaça l'Arabe sous bonne garde, on lui donna un thaleb qui écrivit sous sa dictée, il scella la lettre de son cachet, et un Arabe du Caire partit pour mener la négociation.

Il y avait, si le négociateur réussissait, la vie pour le Bédouin, cinq cents piastres pour le négociateur.

Trois jours après, le négociateur revint ramenant Roland.

Bonaparte avait espéré ce retour, mais il n'y avait pas cru.

Ce cœur de bronze, qui avait paru insensible à la douleur, se fondit dans la joie. Il ouvrit ses bras à Roland, comme au jour où il l'avait retrouvé, et deux larmes, deux perles, — les larmes de Bonaparte étaient rares, — coulèrent de ses yeux.

Quant à Roland, chose étrange! il resta sombre au milieu de la joie qu'occasionnait son retour, confirma le récit de l'Arabe, appuya sa mise en liberté, mais refusa de donner aucun détail personnel sur la façon dont il avait été pris par les Bédouins et traité par le thaleb; quant à Sulkowsky, il avait été tué et décapité sous ses yeux, il n'y fallait donc plus songer.

Seulement, Roland reprit son service

d'habitude et l'on remarqua que ce qui, jusque-là, avait été du courage chez lui, était devenu de la témérité ; que ce qui avait été un besoin de gloire, semblait être devenu un besoin de mort.

D'un autre côté, comme il arrive à ceux qui bravent le fer et le feu, le fer et le feu s'écartèrent miraculeusement de lui ; devant, derrière Roland, à ses côtés, les hommes tombaient : lui restait debout, invulnérable comme le démon de la guerre.

Lors de la campagne de Syrie, on envoya deux parlementaires sommer Djezzar-Pacha de se rendre ; les deux parlementaires ne reparurent plus : ils avaient eu la tête tranchée.

On dut en envoyer un troisième : Roland se présenta, insista pour y aller, en obtint, à force d'instances, la permission du général en chef, et revint.

Il fut de chacun des dix-neuf assauts qu'on livra à la forteresse ; à chaque assaut on le vit parvenir sur la brèche ; il fut un des dix hommes qui pénétrèrent dans la tour Maudite ; neuf y restèrent, lui revint sans une égratignure.

Pendant la retraite, Bonaparte ordonna

à ce qui restait de cavaliers dans l'armée de donner leurs chevaux aux blessés et aux malades; c'était à qui ne donnerait pas son cheval aux pestiférés de peur de la contagion.

Roland donna le sien de préférence à ceux-ci : trois tombèrent de son cheval à terre, il remonta son cheval après eux et arriva sain et sauf au Caire.

A Aboukir il se jeta au milieu de la mêlée, pénétra jusqu'au pacha en forçant la ceinture de noirs qui l'entouraient, l'arrêta par la barbe, essuya le feu de ses deux pistolets, dont l'un brûla l'amorce seulement, la balle de l'autre passa sous son bras et alla tuer un guide derrière lui.

Quand Bonaparte prit la résolution de revenir en France, Roland fut le premier à qui le général en chef annonça ce retour; tout autre eût bondi de joie, lui resta triste et sombre, disant :

— J'aurais mieux aimé que nous restassions ici, général, j'avais plus de chance d'y mourir.

Cependant, c'eût été une ingratitude à lui de ne pas suivre le général en chef; il le suivit.

Pendant toute la traversée il resta morne et impassible.

Dans les mers de Corse on aperçut la flotte anglaise ; là seulement il sembla se reprendre à la vie.

Bonaparte avait déclaré à l'amiral Gantaume que l'on combattrait jusqu'à la mort, et avait donné l'ordre de faire sauter la frégate plutôt que d'amener le pavillon.

On passa sans être vu au milieu de la flotte, et le 8 on débarqua à Fréjus.

Ce fut à qui toucherait le premier la

terre de France; Roland descendit le dernier.

Le général en chef semblait ne faire aucune attention à aucun de ces détails, pas un ne lui échappait; il fit partir Eugène Berthier, Bourrienne, ses aides de-camp, sa suite, par la route de Gap et de Draguignan.

Lui, prit incognito la route d'Aix, afin de juger par lui-même de l'état du Midi, ne gardant avec lui que Roland.

Dans l'espoir qu'à la vue de la famille la vie rentrerait dans ce cœur brisé d'une atteinte inconnue, il lui avait annoncé en arrivant à Aix qu'il le laisserait à Lyon, et lui donnait trois semaines de congé à titre de gratification pour lui et de surprise à sa mère et à sa sœur.

Roland avait répondu :

— Merci, général, ma sœur et ma mère seront bien heureuses de me revoir.

Autrefois Roland aurait répondu :

— Merci, général, je serai bien heureux de revoir ma mère et ma sœur.

Nous avons assisté à ce qui s'était passé à Avignon; nous avons vu avec quel mépris profond du danger, avec quel dégoût amer de la vie Roland avait marché à un duel terrible.

Nous avons entendu la raison qu'il avait donnée à sir John de son insouciance en face de la mort : la raison était-elle bonne ou mauvaise, vraie ou fausse ? sir John dut se contenter de celle-là ; évidemment Roland n'était point disposé à en donner d'autre.

Et maintenant, nous l'avons dit, tous deux dormaient ou faisaient semblant de dormir, rapidement emportés par le galop de deux chevaux de poste sur la route d'Avignon à Orange.

FIN DE LA PREMIÈRE PARTIE.

FIN DU PREMIER VOLUME.

TABLE DES CHAPITRES.

AVANT-PROPOS.

                                    Pages

La ville d'Avignon 3

PREMIÈRE PARTIE.

Chapitre   I. La table d'hôte 73
—   II. Un proverbe italien 119
—   III. L'Anglais 157
—   IV. Le duel 191
—   V. Roland 231

FIN DE LA TABLE.

Fontainebleau, imprimerie de E. Jacquin.

ALEXANDRE CADOT

ÉDITEUR, 37, RUE SERPENTE, A PARIS.

Les lettres non affranchies seront refusées.

DERNIÈRES NOUVEAUTÉS TERMINÉES.

SEPTEMBRE 1856.

La Demoiselle du cinquième, par P. DE KOCK. — 6 vol. 30 fr.

Mademoiselle la Ruine, par XAVIER DE MONTÉPIN et E. CAPENDU. — 5 vol. 22 fr. 50 c.

Le Beau Favori, par le marquis de FOUDRAS. 3 vol. 13 fr. 50 c.

Le Lièvre de mon Grand-Père, par A. DUMAS. — 1 vol. 5 fr.

Les Couteaux d'Or, par Paul Féval,

2 vol. 8 fr.

L'Aveugle de Bagnolet, par Ch. Deslys.

3 vol. 13 fr. 50 c.

La Nanette, par Prosper Vialon.

3 vol. 12 fr.

Les Cœurs d'Or, par Marc Leprevost.

3 vol. 12 fr.

Un Carnaval à Paris, par Méry.

3 vol. 13 fr. 50 c.

Les Fils de Famille, par Eugène Sue.

9 vol. 45 fr.

Le Batteur d'estrades, par P. Duplessis

3 vol. 13 fr. 50 c.

La Fille de la Vierge, par Paul Duplessis,

2ᵉ et dernière partie du *Batteur d'Estrades*.

5 vol. 22 fr. 50 c.

Les Diables roses, par Adrien Robert.

3 vol. 13 fr. 50 c.

Quintin le Forgeron, par Charles Deslys.
3 vol. 12 fr.

Les Œufs de Pâques, par Roger de Beauvoir.
2 vol. 8 fr.

Mademoiselle de Pons, par la comtesse D'Ash. — 3 vol. 12 fr.

Élie, par Marcel Chasserieau. — 2 vol. 8 fr.

Evenor et Leucippe, par George Sand.
3 vol. 15 fr.

Deux Bretons, par Xavier de Montépin.
6 vol. 27 fr.

Monsieur de Boisdhiver, par Champfleury. — 5 vol. 20 fr.

La Maison Dombey père et fils, par C. Dickens. — 5 vol. 20 fr.

Le Bonhomme Meaurevert, par le marquis de Foudras. — 2 vol. 9 fr.

Les Amours mortels, par Adrien Robert.

2 vol. 8 fr.

La Dernière Fée, par James, traduction Nettement. — 1 vol. 4 fr.

La Meilleure Part, par G. de La Landelle.

4 vol. 16 fr.

L'Amour à l'aveuglette, par Maximilien Perrin. — 2 vol. 8 fr.

Une Anglaise sur le Continent, par P. Vialon. — 4 vol. 16 fr.

La Sirène, par Xavier de Montépin.

2 vol. 9 fr.

Le comte de Vermandois, par le bibliophile Jacob. — 7 vol. 28 fr.

Géorgine, par Madame Ancelot. — 2 vol. 8 fr.

Un Portier qui se dérange, par Marc Leprevost. — 3 vol. 12 fr.

DERNIÈRES NOUVEAUTÉS D'ALEXANDRE DUMAS.

Journal de Madame Giovani,

4 vol. 20 fr.

Les Grands Hommes en robe de chambre.

1° **Henri IV**. . . . . 2 vol. 10 »
2° **Richelieu**. . . . . 5 vol. 25 »
3° **César**. . . . . 7 vol. 35 »

Médine et la Mecque, pélerinage aux villes saintes. — 6 vol. 30 fr.

Mohicans de Paris. — 19 vol. 95 fr.

Salvator le Commissionnaire (Suite

des *Mohicans de Paris*. — 6 vol. 30 fr.

Madame Dudeffand, 2 vol. 10 fr.

NOUVEAUTÉS PRÉCÉDENTES.

Madame de Montflanquin, par Paul de Kock.	5 vol.	25 »
La belle Aurore, par la comtesse D'Ash. . . .	6 vol.	24 »
L'Eau et le Feu, par G. de La Landelle	2 vol.	8 »
La Perle du Palais-Royal, par Xavier de Montépin	3 vol.	13 50
Les Hommes des Bois, par le marquis de Foudras	2 vol.	9 »
La comtesse de Bossut, par la comtesse D'Ash.	3 vol.	12 »
La Princesse Palatine, par la même. . . .	3 vol.	12 »
Histoire de ma vie, par G. Sand.	20 vol.	100 »
Le Lord de l'Amirauté, par Adrien Robert. .	3 vol.	12 »
Le Spectre de Châtillon, par Élie Berthet. .	5 vol.	20 »
Un Monde inconnu, par Paul Duplessis. . .	2 vol.	8 »
Un Zouave, par Charles Deslys.	5 vol.	20 »
La Pénélope Normande, par Alphonse Karr. .	2 vol.	9 »
Deux routes de la vie, par G. de La Landelle.	4 vol.	16 »
L'Idiot, par Xavier de Montépin.	5 vol.	22 50
Une Passion diabolique, par Maximilien Perrin.	2 vol.	8 »
Camille, par Roger de Beauvoir.	2 vol.	8 »
Sophie Printemps, par Alexandre Dumas fils .	2 vol.	8 »
Blanche Fleur, par Paul Féval.	2 vol.	8 »
La comtesse de Charny, par Alex. Dumas. .	19 vol.	104 50
L'Inconnu, par Prosper Vialon.	2 vol.	8 »
Deux Trahisons, par Auguste Maquet.	2 vol.	8 »
La Marquise sanglante, par la comtesse D'Ash.	3 vol.	12 »

ALEXANDRE DUMAS.

Le Page du duc de Savoie.	8 vol.	40 »
Ingénue.	7 vol.	35 »
Vie et Avent. de la Princesse de Monaco.	6 vol.	30 »
El Salteador	3 vol.	15 »
Catherine Blum	2 vol.	10 »
Une Vie artiste.	2 vol.	10 »
Souvenirs de 1830 à 1842.	8 vol.	40 »

PAUL DE KOCK.

La Bouquetière du Château-d'Eau . . .	6 vol.	30 »
Un Monsieur très-tourmenté.	2 vol.	10 »
Les Étuvistes.	8 vol.	40 »

MARQUIS DE FOUDRAS.

Un Amour de vieillard.	3 vol.	13 50
Les Veillées de Saint-Hubert.	2 vol.	9 »
Un Drame en famille.	5 vol.	22 50
Un grand Comédien.	3 vol.	13 50

XAVIER DE MONTÉPIN.

Les Valets de cœur.	3 vol.	13 50
Sœur Suzanne (fin des Valets de cœur) . . .	4 vol.	18 »
Un Gentilhomme de grand chemin. . .	5 vol.	22 50

EUGÈNE SUE.

La famille Jouffroy.	7 vol.	35 »

PAUL DUPLESSIS.

La Sonora.	4 vol.	16 »
Capitaine Bravaduria.	2 vol.	8 »

MAXIMILIEN PERRIN.

Riche d'amour.	2 vol.	8 »
Un beau Cousin.	2 vol.	8 »

ADRIEN ROBERT.

Jean qui pleure et Jean qui rit. . . . 2 vol. 9 »
Le mauvais Monde. . . . . 2 vol. 8 »

OUVRAGES DIVERS.

Pérégrine (*fin du Prince de Galles*), par Léon
    Gozlan. . . . . 4 vol. 16 »
Le dernier Chapitre, par la comtesse d'Ash. . 4 vol. 16 »
Mémoires de Ninon de l'Enclos, par
    Mirecourt. . . . . 8 vol. 32 »
Corps franc des Riffles, par Meyne Reid. . . 4 vol. 16 »
Le château de Noirac, par G. de La Landelle. 2 vol. 8 »
L'Ensorcelée, par Jules Barbey d'Aurevilly. . 2 vol. 8 »
Adriani, par George Sand . . . . 2 vol. 10 »
Honneur (l') **de la Famille**, par G. de La
    Landelle. . . . . 2 vol. 8 »
Le Tueur de Tigres, par Paul Féval . . . . 2 vol. 8 »
Les Parvenus, par le même . . . . 3 vol. 12 »
Les Grands Jours d'Auvergne, par Paul
    Duplessis . . . . 9 vol. 36 »
Les Étapes d'un volontaire, par le même. . 12 vol. 48 »
**La Famille Aubry et Louspillac et Bau-
    trubin**, par Paul Meurice. . . . . . . 4 vol. 16 »
Mystère de la Famille, par Elie Berthet . . 3 vol. 12 »
La Baronne Trépassée, par le vicomte Ponson
    du Terrail . . . . 3 vol. 12 »
Les Coulisses du monde, par le même . . . 8 vol. 32 »

SCEAUX (Seine). — Imprimerie de Munzel frères.

NOUVEAUTÉS TERMINÉES.

LE DERNIER DES FLIBUSTIERS
Par *G. de la Landelle*, 5 vol.

La Demoiselle du cinquième
Par *Paul de Kock*, 6 vol.

LES FILS DE FAMILLE
Par *Eugène Sue*, 9 vol.

LE BEAU FAVORI
Par le *marquis de Foudras*, 3 volumes.

EVENOR ET LEUCIPPE
Par *G. Sand*, 3 vol.

DEUX BRETONS
Par *X. de Montépin*, 6 vol.

L'AVEUGLE DE BAGNOLET
Par *Charles Deslys*, 3 vol.

LA SYRÈNE
Par *Xavier de Montépin*, 2 vol.

Le Lièvre de mon grand-père
Par *Alex. Dumas*, 1 vol.

LES AMOURS MORTELS
Par *Adrien Robert*, 2 vol.

LE BATTEUR D'ESTRADE
Par *Paul Duplessis*, 3 vol.

LA FILLE DE LA VIERGE
Par *le même*, 5 vol.

LES CŒURS D'OR
Par *Marc Leprevost*, 3 vol.

Fontainebleau. — Imp. de E. Jacquin.

www.ingramcontent.com/pod-product-compliance
Lightning Source LLC
Chambersburg PA
CBHW062008180426
43199CB00034B/1698